DAS BUCH DER

MAGISCHEN ORTE

Yan d'Albert

DAS BUCH DER MAGISCHEN ORTE

Geheimnisvolle Plätze
Zauberhafte Burgen
Heilende Quellen

Mit vielen Kontaktadressen
und 2 Registern

Bibliografische Information Der Deutschen Bibliothek
Die deutsche Bibliothek verzeichnet diese Publikation in der Deutschen Nationalbibliografie; detaillierte bibliografische Daten sind im Internet über http://dnb.ddb.de abrufbar.

1. Auflage 2003
© Egmont vgs verlagsgesellschaft, Köln 2003
Alle Rechte vorbehalten.

© des ProSieben-Titel-Logos mit freundlicher Genehmigung der ProSieben Television GmbH

Lektorat: Anja Schwinn
Umschlaggestaltung: Sens, Köln
Satz: Metzgerei Strzelecki, Köln
Illustrationen: Yan d'Albert, Gabriela d'Albert
Fotos: Yan d'Albert
Printed in Germany
ISBN 3-8025-3256-2

Besuchen Sie unsere Homepage: www.vgs.de

Yan d'Albert, „**MAGIC YAN**", Jahrgang 1958, beschäftigte sich bereits als Kind mit spirituellen und religiösen Themen und zudem, seit 1983, intensiv mit Mystik und Magie. Als Autor, Komponist, Popmusiker und Musikproduzent mit dem Label SOL MUSIC hat er sich bereits einen Namen gemacht. Yan gibt Magie-Seminare und schreibt für Tageszeitungen und Illustrierte (z. B. für das Hexenmagazin w.i.t.c.h.). Seit 2001 arbeitet er auch an Exposés, Drehbüchern und einer eigenen TV-Show. „**MAGIC YAN**" ist übrigens ein begeisterter CHARMED-Fan.

Bildquellen:
S. 14: Bergwerk-Buch des Agricola, Frankfurt 1580; S. 37: Kristall, Masaru Emoto; S. 44: aus "Höhlen, Wunder, Heiligtümer" von Heinrich Pleticha/Wolfgang Müller (Flechsig/Herder); S. 46, 101: Eveline Grander; S. 49: Stollenarbeiter in Nordenau, Theo Tommes; S. 72: Gollenstein, Verkehrsamt Blieskastel; S. 83: "Hexensabbat auf dem Brocken". Holzschnitt aus S. J. Praetorius' "Blockes Berges Verrichtung" von 1668; S. 89: Burg Satzvey: Graf Franz Joseph Beissel von Gymnich; S. 96: Dreikönigsschrein, Dom zu Köln, © Rainer Gaertner; S. 110, 111: Disneyland Resort Paris, ©Disney; S. 117: © Phantasialand Brühl bei Köln.

Zeichnungen, Grafiken und Fotos von **Yan d'Albert:**
S. 14: Sich kreuzende Linien; S. 17: Ameisenbau im Keltengebiet bei Diex, Unterkärnten (Österreich); S. 19: Sich kreuzende Linien; S. 22: Pilzring; S. 27: Steinkreisrituale; S. 34: Bermudadreieck; S. 36: Fluss; S. 39: Burg; S. 42: Hexenzeichen III; S. 63: Maibaum; S. 68: Bomarzo; S. 74: Loreley-Lied, aus "Das spirituelle Songbook", WINDPFERD-Verlag; S. 81: Berg; S. 88: Triskel; S. 91: Ritterspiele auf Burg Satzvey; S. 105: Rundbau im Keltendorf Diex, Kärten (Österreich); S. 115: Fantasyland, Sleeping Beauty Castle.

Von **Gabriela d'Albert:**
S. 10: Frauenskulptur von Lausse, Dordogne, nach historischer Vorlage; S. 24: Pendel; S. 21: Chakren-Männchen; S. 24: Achat-Pendel; S. 29: Spiralenwirbel; S. 59: Herz-Mandala; S. 67: Baum; S. 80: Wasser; S. 95; S. 120: Tekkno-Hexe;
(© www.magicult.de, Gabriela d'Albert, 51570 Windeck/Sieg)

INHALT

EIN HERZLICHES DANKESCHÖN!

Hallo, ihr lieben Hexen und Hexer!

An dieser Stelle erst einmal ein ganz herzliches DANKESCHÖN an euch! Die vielen Zuschriften, E-Mails, Briefe, Zeichnungen, Geschenke und Lobesworte für meine Bücher in der magischen Reihe haben mich sehr gefreut! Auch für Kritik und Anregungen von euch bin ich sehr dankbar. Ihr seid wirklich ganz große Klasse und tut mir unheimlich gut!

Sorry, wenn ich auf eure Zuschriften nicht immer gleich antworten konnte oder kann. Als Freiberufler, mehrfacher Familienvater, Autor, Magier, Musiker und Reisender hab ich meistens einen Rund-um-die-Uhr-Job.

Mit meinem neuen Buch hoffe ich, euch jede Menge Inspirationen und Tipps für magische Orte geben zu können. Ich wünsche euch genauso viel Freude, wie ich sie dort hatte. Das allgemeine Interesse für solche Themen und Plätze nimmt ja erfreulicherweise immer mehr zu. Und es ist total spannend, was sich da jetzt mehr und mehr auftut und offenbart!

Viel Spaß bei der Erkundung!

Seid gesegnet,

euer

Magic Yan

MAGISCHE ORTE
UND KEIN ENDE ...

Dies ist mein viertes Buch in der MAGISCHEN REIHE. Und ich muss gestehen, das Schreiben schien kein Ende nehmen zu wollen ... Allerdings war mir von Anfang an klar, auf welches Unternehmen ich mich da einlassen würde. Denn es gibt schier endlos viele magische Orte, Plätze voller Faszination und Geheimnisse. Und die kann man in einem Menschenleben gar nicht alle studieren oder besuchen. Allein jeder in diesem Buch genannte Ort würde wiederum Stoff für ein eigenes Buch bieten. Und nicht nur von der esoterischen, auch von der wissenschaftlichen Seite her ist dies ein unerschöpfliches Thema. Es blieb mir also nichts anderes übrig, als eine Auswahl zu treffen. Und so will ich mit dieser Publikation einen Überblick über die bekanntesten **magischen Orte** geben, selbst Erlebtes schildern, manche Dinge kritisch beleuchten, Erfahrungen weitergeben, einige Übungen anbieten und nützliche Kontaktadressen vermitteln. In diesem Band habe ich mich hauptsächlich auf Plätze in Deutschland und Mitteleuropa konzentriert, selbstverständlich finden aber auch weltweit bekannte Orte Erwähnung.

Zwischen **Stonehenge** und **Disneyland** liegen sicherlich Welten. Aber die Motive der Besucher sind gar nicht so verschieden: Neugier, Erlebnishunger, Wissensdurst ... Und ich muss sagen, etwa im **Disneyland Resort Paris** habe ich mehr Magisches erlebt als an so manchen als "besonders spirituell" geltenden anderen Orten.
Doch bevor wir uns auf die Reise zu den magischen Orten begeben, sollten wir uns erst mal mit der Bedeutung und dem Ursprung ihrer Namen auseinander setzen.

NOMEN EST OMEN

Von der Magie der Namen

Das lateinische Sprichwort "**nomen est omen**" heißt so viel wie "Der Name ist (Vor-) Zeichen" oder "Der Name hat eine (Vor-) Bedeutung".

So stecken in den Namen von Städten und Dörfern, Bergen, Flüssen und Seen interessante Bedeutungen, von denen die meisten Menschen nichts wissen. Sie sind oft auf altdeutsche, keltische oder lateinische Wurzeln zurückzuführen. Wenn wir uns mit magischen Orten beschäftigen, ist jedoch die Bedeutung und der Ursprung ihrer Namen sehr wichtig. Dadurch werden uns wertvolle Hinweise gegeben bezüglich der Bräuche und Rituale, Götternamen etc.

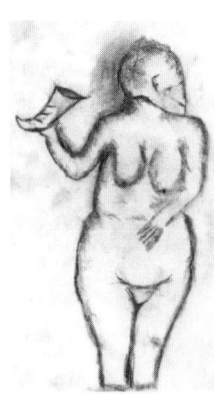

Denken wir z. B. an die Stadt **Bregenz** (brigantia), der die vorkeltische Göttin *Brigantia* bzw. der Keltenstamm der *Briganten* ihren Namen lieh. Das Wort **Bodensee** lässt sich ableiten von *Both*, der keltischen Krähen- oder Todesgöttin und den *Bethen*, das sind die Nationalheiligen und **norischen** (keltischen) Muttergottheiten.

Natürlich gibt es noch eine Reihe anderer interessanter Namen. Hier einige Beispiele:

Augsburg = AUGUSTA VINDELICORUM, lateinisch "die Augustus-Stadt im Reich der Vindeliker".
Bonn = BONA, **Bologna** BONONIA, von keltisch "bona"/"baunos" = Bau, Ort, Wohnstätte.
Diex = DIEHSDE, lateinisch die *Diesen*, das sind weibliche Luftgeister bzw. Göttinnen.
Ganges = indischer Fluss, nach der Göttin *Ganga* benannt.
Mailand/Milano = MEDIO LANUM, keltisch der (heilige) Ort der Mitte.
Trier = TREVERIS, die Treverer waren ein keltischer Stamm.

Bei Ortsnamen erscheinen auch so genannte "**tautologische**" Namen, das sind Doppel-Bezeichnungen ("kleiner Zwerg", "weißer Schimmel"). So lautet ein Ortsname beispielsweise "**Lichtenstein**" (= Stein-Stein, von kelt. **licus** = Stein). Diese tautologischen Namen kommen häufig vor. Nimm dir einfach mal einen Atlas und studiere anhand des Ortsregisters die Namen. Ein Herkunftswörterbuch kann dabei sehr nützlich sein.

WAS IST EIN MAGISCHER ORT?

Stonehenge, Externsteine, die Pyramiden von Gizeh, Bermuda-Dreieck, Atlantis ... das sind alles bekannte magische Orte, von denen du sicher schon mal gehört hast. Was passiert dort? Und sind all diese Plätze wirklich (noch) magisch? Oder werden viele durch den Massen-Tourismus mehr und mehr entweiht und ihrer Kräfte beraubt? Muss man überhaupt einmal dort gewesen sein?

Komm mit mir auf eine abenteuerliche Reise rund um den Globus, und ich werde dir diese und hoffentlich auch viele andere Fragen beantworten. Aber zunächst wollen wir mal feststellen, welche Orte wir überhaupt als "magisch" bezeichnen können.

WAS IST EIN MAGISCHER ORT?

Bei der Beantwortung dieser Frage sind deiner Fantasie eigentlich keine Grenzen gesetzt. Wenn Magie überall machbar ist –, und das ist sie ganz klar – dann ist es auch möglich, überall einen magischen Ort zu finden und zu erschaffen.

Als magischen Ort können wir einen Platz bezeichnen, dem für uns eine ganz besondere Bedeutung innewohnt. An ihm erfahren die Menschen außergewöhnliche Dinge und Kräfte, spüren nie gekannte Energien. Für viele Völker wurden solche Kraftplätze zu Stätten ihrer Kultur und Religion.

Heute noch erinnern uns alte Kultplätze an ganz besondere Ereignisse. In Stonehenge beispielsweise soll der Legende nach der Zauberer Merlin die riesigen Steinbrocken vom irischen Mount Killaraus auf die Ebene von Salisbury, an das heutige Stonehenge, gezaubert haben. Oder denken wir an die **Ka'aba**, das würfelförmige, in der saudi-arabischen Stadt **Mekka** stehende Gebäude mit dem "Schwarzen Stein". Für Millionen von Muslimen, die glauben, dass sie von Abraham und Ismael errichtet wurde, ist sie ein wichtiger Pilgerort und bestimmt die Richtung, in der sie ihre täglichen Gebete sprechen.

JEDER MENSCH IST EIN MAGISCHER ORT

Ja, im Prinzip ist sogar jeder Mensch selbst ein magischer Ort, oder besser gesagt: Er hat die Möglichkeit, seinen eigenen magischen Ort zu entdecken, zu erschaffen und zu diesem zu werden. Dieses Buch gibt dir

Anleitungen und Übungen, wie du durch **Visualisation** und **Meditation** deinen eigenen inneren magischen Ort zaubern kannst. "Warum (immer) in die Ferne schweifen, wenn das Gute liegt so nah ..." Sich selbst zu entdecken ist sicherlich eines der größten Abenteuer im Leben eines Menschen, für manche sogar das größte.

EIN MAGISCHER ORT KANN SEIN:

- in dir selbst (durch Visualisation, z. B. Schaffung eines imaginären inneren Tempels)
- dein Altar
- ein magischer Kreis (drinnen oder draußen)
- dein magischer Raum / äußerer Tempel
- eine Wegkreuzung
- eine Quelle, ein Bach, ein Fluss oder dort, wo ein Fluss entspringt
- ein Platz am Meer
- ein Steinkreis
- ein Felsen
- eine Höhle
- ein Berg
- eine Kapelle
- eine Kirche
- ein Dom / eine Kathedrale
- ein Kloster
- eine Burg / eine Ruine
- ein Schloss
- ein Dorf, eine Stadt

An all den aufgezählten Plätzen kann Magie wirksam sein. Die Natur selbst offenbart uns da sicherlich die größten Geheimnisse und Wunder.

Von Menschenhand geschaffene Bauten haben oft über einen Zeitraum von hunderten und tausenden von Jahren Energien gespeichert, sind zu dauerhaften Heimstätten von Göttern, Engeln und anderen Geistern geworden. Jedes Dorf, jede Stadt hat eine eigene Atmosphäre, ihren eigenen Geruch, eigene Geräusche und Klänge. Jeder Ort hat seine eigenen Magnetfelder und Schwingungen.

ENERGIE ZUFÜHREN - ENERGIE WEGNEHMEN

An manchen Orten ist die Kraft der Erde stärker oder schwächer wirksam. Jeder Mensch reagiert anders darauf. Mal positiv, mal negativ. An einigen Orten fühlst du dich vielleicht gestärkt, angeregt, inspiriert, andere wiederum ziehen dir Energie ab, bedrücken oder verwirren dich. So wie die Pflanze einen nahrhaften Boden braucht, so brauchst du für deine magischen Rituale die Kraft zu Inspiration und Kreativität. Nicht

umsonst suchen sich Künstler besonders inspirierende Plätze zum Leben und Arbeiten aus. Mit diesen Themen beschäftigt sich die Wissenschaft der **Geomantie**, das Wahrsagen aus oder mit der Erde. Zu den weltbekannten Orten gehören z. B. die Steinbauten in **Stonehenge** in Südengland und in **Carnac** in der Bretagne, die **drei großen Pyramiden** in der Nähe von **Kairo**, die **Azteken-Tempel** nahe **Mexiko City** und die alten **balinesischen Tempelanlagen**. Reiseveranstalter bieten in farbig schillernden Katalogen Pauschalreisen dorthin an. Doch es ist fraglich, ob es an permanent von Touristenströmen überfluteten Orten noch möglich ist, die (sicherlich einmal wirksamen) Kräfte wahrzunehmen oder dort ungestört ein Ritual durchzuführen. Nicht immer wirken die Menschen selbst bereichernd auf einen solchen Platz, wie das z. B. bei der Heilquelle in **Nordenau** im Hochsauerland der Fall ist, wie wir im betreffenden Kapitel erfahren werden. An manchen Orten kann man daher eher von "Entweihung" sprechen. Denn wenn die Leute dem heiligen Ort nicht die gebührende Ehre erweisen, nur massenhaft Fotos schießen und von einer Sehenswürdigkeit zur anderen jagen, kann sich Magie nicht entfalten.

Ob Hexen oder Magier jeder Couleur, Schamanen oder Druiden, sie alle wählen mit Vorliebe **energetisch reine Plätze** für ihre Rituale aus, an denen bereits seit alten Zeiten Götter und Göttinnen verehrt wurden. Diese Orte sind erfüllt vom Geist der Menschen oder Wesenheiten, die sie mit spiritueller Energie aufgeladen und erbaut haben. Plätze, an denen die Menschen über einen längeren Zeitraum kultische bzw. magische Rituale ausgeübt haben, besitzen eine besondere Ausstrahlung. Ob Moscheen, buddhistische oder hinduistische Tempel, christliche Kirchen und Klöster, Heiligtümer der Naturreligionen, Kult- und Opferhöhlen der Steinzeit: Überall spürt man eine magische Ausstrahlung bzw. Energie. Das Geheimnis dieser Plätze ist, dass sie durch eine besondere Art und Weise belebt wurden. Natürlich hängt dies auch immer von der jeweiligen Aufnahmefähigkeit und Einstellung des Einzelnen ab. Hier stellt sich die Frage, welcher Ort für dich der geeignete ist und welcher dieser Orte für deine Kontemplationen, Meditationen und magischen Rituale optimal ist.

ORTE SIND WIE TONTRÄGER

Sie nehmen auf, was ihnen aufgeprägt wird. Wir selbst nehmen nicht nur Informationen durch unsere Sinne auf, sondern, auch mit unserer **DNA** (= Desoxyribonukleinsäure), unserer Erbsubstanz, wie russische Wissenschaftler herausgefunden haben, und was im Westen noch nicht angenommen wurde. Das Thema der so genannten **Wellengenetik** und wie unsere **DNA** diese Informationen aufnehmen kann, wird uns in einem späteren Kapitel beschäftigen. Spirituell Erfahrene können an solchen Kraftorten intuitiv bestimmte

Energien erfühlen, ja Gedanken erahnen und sogar dort einmal ausgesprochene Worte hören. Bäume und Bäche sprechen zu ihnen, Menschen verraten durch ihre Erscheinung ihr Wesen, und Plätze erzählen aus längst vergangenen Zeiten.

Die Energien solcher Orte sind auch oftmals stark an den Geist bestimmter Götter, Heiliger oder Personen gebunden. Jedes Ritual hinterlässt einen Teil ihrer Energie.

Hexen, Magier und Druiden sind sich darin einig, dass die gesamte Erde von Kraftlinien, den so genannten **Ley-Linien**, überzogen ist. Diese Linien verbinden Kraftorte miteinander. An den Kreuzungsstellen sind die Kräfte besonders stark. Orte wie **Stonehenge**, die **Pyramiden von Gizeh** und die **Externsteine** und noch viele andere sind durch solche Linien miteinander verbunden.

Wähle für deine magischen Rituale im Zweifelsfalle nicht einen bekannten, häufig besuchten, sondern eher einen abgeschiedeneren Ort aus. Dieser sollte aber auch gewisse energetische Voraussetzungen erfüllen. Unter Umständen wirst du ihn selbst erforschen müssen. Es ist ganz normal, wenn du ihn nicht gleich findest und erkennst. Wichtig ist, dass du lernst, solche Plätze zu erspüren.

WIE KANN MAN MAGISCHE ORTE ERSPÜREN?

Es gibt hierfür Hilfsmittel, wie z. B. Wünschelrute oder Pendel. Der Umgang damit erfordert einige Übung. Wie man mit der Wünschelrute umgeht, lernt man auf einer Radiästheten-Schule. Eine Anleitung zum Umgang mit dem Pendel findest du in meinem **BUCH DER MAGIE** (S. 96/97). Die Erfahrung zeigt jedoch, dass Instrumente niemals die Intuition und Wahrnehmung des menschlichen Körpers ersetzen können. Schule dich deshalb auf jeden Fall auch darin, Dinge nur mit deinem Körper wahrzunehmen.

FÜR MAGISCHE ORTE BEGEISTERN

Vielleicht sind manche Kultorte, die in diesem Buch aufgeführt sind, für euch allein schwierig erreichbar. Deshalb mein Tipp: Begeistert doch mal eure Eltern, eure Geschwister und Freunde für einen Ausflug zu einer Höhle, einem Menhir oder einem anderen magischen Ort.

GEOMANTIE – EINE FASZINIERENDE WISSENSCHAFT

Dieses Wissensgebiet ist schon sehr alt. Seit jeher liegt es in der Natur des Menschen, die Erde, auf der er lebt, zu erforschen und zu gestalten. Altäre, Tempel und Kirchen wurden bevorzugt an positiv wirkenden Kraftorten erbaut. Dies können umfangreiche Studien und Erfahrungsberichte belegen. **Geomantie** ist ein umfassendes Gebiet und lässt sich nicht mit wenigen Worten beschreiben.

Im Wort **Geomantie** stecken "geo" (griech. = Erde) und "manteia" (griech. = Wahrsagung). Geomantie ist also die "Wahrsagung über die Erde". Sie lässt sich ursprünglich auf eine arabische Form der Weissagung durch so genanntes **Punktieren** zurückführen. Dabei wird die Zukunft aus dem Muster abgelesen, das entsteht, wenn man ganz spontan Erde auf eine ebene Fläche wirft oder aber auch ganz intuitiv Punkte festlegt und sie miteinander verbindet. Diese Methode verbreitete sich Ende des ersten Jahrtausends von den muslimischen Ländern ausgehend nach Europa und Afrika.

Dies ist jedoch nur **eine** Seite der Geomantie. So wie wir sie heute verstehen, ist sie die Lehre von den Kraftfeldern der Erde. Sie wurde vor etwa 20 Jahren durch Nigel Pennick in England geprägt. Er bezeichnet sie als "Gespür für die Erde". Der Autor David Luczyn definiert Geomantie als alte esoterische Wissenschaft von den geheimen Energien und Kraftströmen der Erde.

FENG SHUI – DIE CHINESISCHE GEOMANTIE

Der Begriff **Feng-Shui** ist dir sicherlich vertrauter. Er bezeichnet die chinesische Form der Geomantie. Seine Übersetzung lautet: **Wind und Wasser.** Feng-Shui ist die Lehre der Standortbestimmung in Harmonie mit den Elementen und dem Himmel. In China wird Feng-Shui schon seit Jahrhunderten praktiziert. So wurde die gesamte "Verbotene Stadt" in Peking nach geomantischen Regeln gebaut. Modelle dieser Lehre für die harmonische Gestaltung von Haus und Heim sind inzwischen auch bei uns im Westen sehr beliebt geworden. Mittlerweile berichtet sogar jede Modezeitschrift darüber.

Als Kunstform bringt die Geomantie der Geomant *Marco Pogacnik* zum Ausdruck. Eine seiner bekanntesten Schöpfungen kann man in der Parkanlage des Schlosses Türnich in Kerpen bewundern. In seinem Buch "Die Erde heilen" stellt er dieses System ausführlich dar.

Beispielhaft für die Bewahrung der Geomantie ist **Island**. In diesem Land hat sich die geomantische Tradition seit Urzeiten ununterbrochen bis heute erhalten. In den 30er Jahren des letzten Jahrhunderts gab es in Deutschland ebenfalls Untersuchungen auf diesem Gebiet. *Wilhelm Teudt* ("Germanische Heiligtümer"), *Hermann Wirth* und *Josef Heinsch* kamen bei ihren Studien zu ähnlichen Ergebnissen wie der Engländer *Alfred Watkins,* der Entdecker der so genannten **Ley-Linien** (siehe nächstes Kapitel). Doch die Geomantie sollte in Deutschland durch den National-sozialismus einen negativen Touch erhalten. Wieder einmal verein-nahmten Hitler, Himmler & Co. einen traditionellen, esoterischen Wissenszweig und missbrauchten ihn für ihre politischen Zwecke. Im Zuge der Entnazifizierung fanden die geomantischen Forschungen dann leider ein jähes Ende.

GEOMANTIE – feinstoffliche und grobstoffliche Dimensionen

Bei der Geomantie haben wir es mit unsichtbaren, feinstofflichen Dingen zu tun. Das bedeutet jedoch nicht, dass wir die grobstofflichen ausklammern müssen. Ohne auch mit den wahrnehmbaren Dingen umzugehen, wäre die Geomantie ohne Sinn.

WAHRNEHMUNG VON ENERGIEFELDERN

Woran erkennst du nun starke Energiestrahlungen? Die Natur zeigt uns da die markantesten Beispiele. An Tieren kann man dies ganz besonders gut erkennen. Es scheint so zu sein, dass Hunde Plätze mit starken Erdstrahlen meiden, wohingegen Katzen solche Plätze lieben. Wenn die Kelten Häuser bauen wollten, setzten sie Ameisen an die geplanten Bauplätze. Häuften sie dort ihre Ameisenhaufen auf, waren es für die

Kelten die geeigneten Stellen. In seinem eindrucksvollen Film "Nomaden der Lüfte" zeigt uns *Jacques Perrins* die erstaunlichen Verhaltensweisen der Zugvögel. Nach Tausenden von Kilometern Flugreise rasten sie auf ihrer Wanderschaft an immer den gleichen Plätzen und sammeln sich an immer den gleichen Zielorten. Dabei spielt das Magnetfeld der Erde eine wesentliche Rolle, wie Wissenschaftler heute bestätigen können. Auch Pflanzen geben Aufschluss darüber, wo sich starke Energiefelder befinden: Verdickungen oder Wülste an den Baumstämmen, besondere Formungen der Äste, Verwachsungen. Manchmal sind sogar Symbole, Gesichter oder Figuren zu erkennen. Beobachte solche Naturereignisse, und sie werden dir hilfreich bei der Suche nach deinem eigenen Kraftort sein.

Am besten ist es natürlich, solche Untersuchungen in einer größeren Gruppe zu unternehmen. Denn dann ist die Wahrscheinlichkeit der richtigen Wahrnehmung am größten.

Tipps für eine gemeinsame Exkursion

Überlegt gemeinsam, welchen Ort ihr untersuchen wollt und welche Wahrnehmungsmethoden ihr anwenden könnt.
Vereinbart, wie viel Zeit ihr dort verbringen wollt.
Nach der abgelaufenen Zeit trefft euch zum Austausch eurer Erfahrungen. Jeder kann berichten, was er erlebt hat.
Bleibt ganz offen und ehrlich mit euren Äußerungen.

DIE GEFAHREN VON NEGATIV WIRKENDEN KRAFTFELDERN

Für sensible Menschen können Wasseradern, Erdstrahlen und andere elektromagnetische Strahlungen die verschiedensten Beschwerden auslösen (z. B. Schlaflosigkeit, Müdigkeit, Durchblutungsstörungen, in extremen Fällen und bei längerem Aufenthalt an solchen Plätzen sogar schwerere Erkrankungen). Achte deswegen bei deinen Forschungen auf jede deiner körperlichen Reaktionen.

VOM PHÄNOMEN DER „LEY-LINIEN"

Was hat es mit den rätselhaften **Ley-Linien** (engl. = **ley lines**) auf sich? Waren sie Verbindungswege zwischen Steinbauten, Quellen, Burgen und Klöstern? Oder erfüllten sie einstmals andere Funktionen, von denen wir heute nichts mehr wissen?

Einfach erklärt ist eine Ley-Linie eine relativ geradlaufende Kraftlinie, der eine besondere Energie innewohnt. Nach den Erforschungen mancher Geomanten ist sie mit anderen Ley-Linien netzartig verbunden. Sie kann in ihrem Verlauf auch abrupt wieder abbrechen, z. B. an einer Autobahn, an Betonbauten etc.

Die Ley-Linie ist wie eine nährende Lebensader, die Pflanzen-, Tier- und Menschenreich spirituell inspiriert und auflädt. Als Entdecker der Ley-Linien gilt der Engländer *Alfred Watkins*.

Die Visionen des Alfred Watkins

Es geschah an einem Junitag im Jahr 1921: *Alfred Watkins*, ein Braumeister aus Herefordshire (England), ging in der Landschaft von Bredwardine spazieren. Plötzlich überkamen ihn unglaubliche Visionen. Er hatte doch heute noch kein Bier getrunken, und auch gestern war's nur ein halber Liter Dunkelbier zum Dinner. Nein, er war ganz klar im Kopf. Aber was er da sah, war wirklich phänomenal: Die vor seinen Augen liegende Landschaft war überzogen mit einem Netzmuster, welches Grabhügel und Kirchenbauten miteinander verband. Später bezeichnete er diese Visionen als "eine hereinbrechende Flut von Erinnerungen aus uralten Zeiten". Vorläufig erzählte *Watkins* keinem von seinen Erlebnissen und begann stattdessen, die Landkarten der Gegend zu studieren. Durch dieses Studium bekamen seine Visionen mehr und mehr Sinn. Er entdeckte energetische Markierungspunkte wie Steinpyramiden, Hügelgräber und Rundgräben, und die Verbindungslinien ergaben sich fast wie von selbst. *Watkins* glaubte auch, dass viele Linien einst alte Handelswege waren. So kam er auf den Begriff **ley-lines**. Denn viele der auf diesen Ley-Linien befindlichen Ortschaften enden auf den Silben **"ley"** oder **"lay"**. Solche Namen gibt es auch bei uns in Deutschland (z. B. Namen wie Lore**ley**, Tho**ley** u. a.).

Die Erkenntnisse *Watkins* waren ein wesentlicher Impuls für die weitere Entwicklung der Geomantie und die Erforschung von Ley-Linien. Immer mehr Forscher wie beispielsweise *Erich von Däniken* gehen davon aus, dass viele Kraftplätze dieser Erde durch die Ley-Linien geradlinig miteinander verbunden sind. Später veröffentlichte *John Michell* eine ausführliche Computer-Analyse, in der er 53 miteinander durch Ley-Linien verbundene Stätten aufzeigt.

WELLENGENETIK UND UNSERE DNA

Russische Wissenschaftler arbeiten schon seit über 10 Jahren an der Erforschung der so genannten **Wellengenetik**. Im Westen hat dieses Wissensgebiet allerdings noch nicht die gebührende Verbreitung und Akzeptanz erhalten. Diese Wissenschaftler gehen davon aus, dass unsere Erbsubstanz, die **DNA** (Abkürzung für engl. **d**esoxyribo**n**ucleic **a**cid), wie eine elektromagnetische Antenne wirkt. Sie ist demnach in der Lage, Energien und Informationen von elektromagnetischen Wellen aufzunehmen und zu speichern. Dies würde in der Praxis bedeuten, dass wir Energien und Informationen an Orten der Kraft empfangen und auch aussenden können.

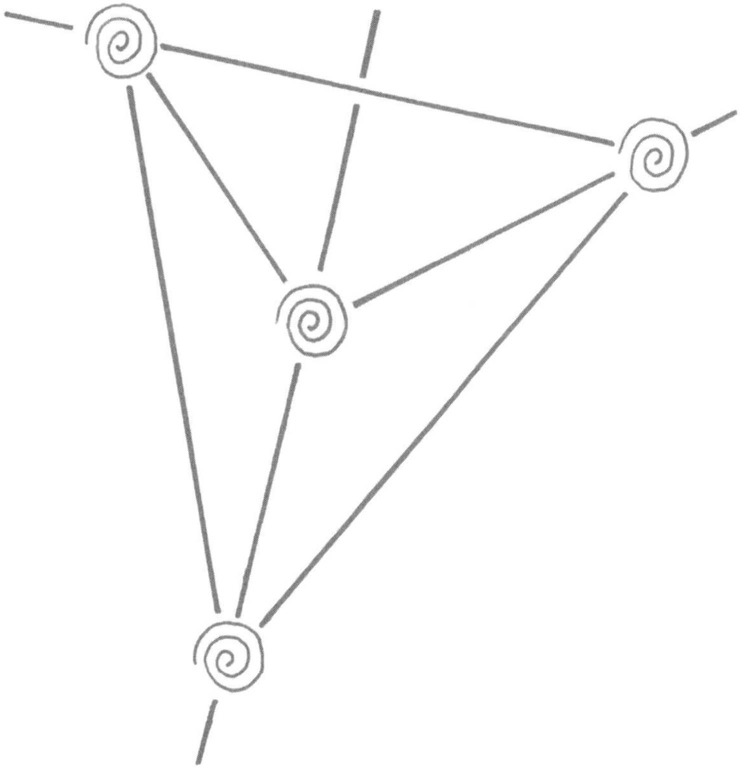

WOHER KOMMEN
DIE HEXENRINGE?

"Hexenringe", "Elfenringe", "Feen-Tanzplätze", das sind allesamt Namen, die wundersame, oft runde Pflanzenformen bezeichnen. Natürlich sind auch dies Kraftorte. Naturwissenschaftliche Forscher sagen, dass sich das Pilzgewebe auf der Suche nach nährstoffreichen Stellen strahlenförmig und gleichmäßig ausbreitet. So ein Pilzring kann sich innerhalb eines Jahres bis zu 30 cm und mehr ausdehnen. In der Umgebung der Pilze wächst auch das Gras stärker, wodurch die Formen optisch noch hervorgehoben werden. Man hat auch festgestellt, dass die (immer wiederkehrenden) Pilzringe ein hohes Alter erreichen können; manche sind sogar zwischen 200 und 600 Jahre alt. Hexen und Magier bringen die Ringe mit Naturgeistern, Elfen und Feen in Verbindung. Für sie sind diese Kreise ideale Orte für ihre Zeremonien und Zaubereien. Dort konzentrieren sich die magischen Kräfte ganz besonders. Sicher ist auch hier die Grenze zur Welt der Märchen und des Aberglaubens nicht weit. Früher konnte man sich gar nicht so richtig erklären, woher zum Beispiel die vielen Pilze, die "Männlein im Walde", überhaupt herkamen. Sie tauchten urplötzlich über Nacht auf, und genauso schnell waren sie wieder verschwunden. Pilzkreise sind immer schon Versammlungsplätze der Hexen, Feen und "Schwamm-Geister" gewesen. Den Kriegern in früheren Zeiten galten solche Orte als glück-bringend im Kampf.

Und dann gibt es noch die Vertreter der UFO-Theorie. Darauf will ich aber jetzt nicht näher eingehen, sondern in meinem nächsten Buch, dem **Buch der magischen Phänomene**.

Alter Feen-Zauber

Begib dich an Vollmond zur Mitternacht an einen Hexenring. Sprich folgenden Zauberspruch:

**"Hört mir zu, Ihr lieben Feen,
werde jetzt im Kreise geh'n
und mich um die Pflanzen dreh'n,
lasst mich Eure Sprach' versteh'n!"**

Dann umkreise bzw. umdrehe neunmal den Hexenring. Und du wirst bald die Sprache der Feen verstehen und ihre Gespräche belauschen können ... vorausgesetzt, sie sind dir wohlgesinnt, denn Feen sind ja bekanntlich ziemlich feinfühlig ...

DEIN PERSÖNLICHER MAGISCHER ORT UND WIE DU IHN FINDEST

> "Und es gehen die Menschen, zu bestaunen die Gipfel der Berge und
> die ungeheuren Fluten des Meeres und die weit dahin fließenden
> Ströme und den Saum des Ozeans und die Kreisbahnen der Gestirne,
> und haben nicht Acht ihrer selbst."
>
> Augustinus

Frage dich, welche Rituale, welche praktische Arbeit du an einem solchen magischen Ort verrichten und welchen Nutzen du daraus ziehen willst und kannst. Ist der Ort, den du dir ausgesucht hast, dafür geeignet? Wenn du beispielsweise zu bestimmten Gottheiten oder Heiligen einer Religion keinen Bezug hast, ist es unpassend und unsinnig, an Plätzen, die ihnen geweiht sind, deine Rituale auszuführen. Spirituelle Übungen aus meinen vorhergehenden magischen Büchern können sehr nützlich sein, einen Bezug zu einem magischen Ort oder einer Person herzustellen.

DER MAGISCHE ORT IN DIR SELBST

Der magische Ort, den du am einfachsten, schnellsten und absolut kostenlos erreichen kannst, liegt **in dir selbst!**

Chakren – die Energie-Zentren des menschlichen Körpers

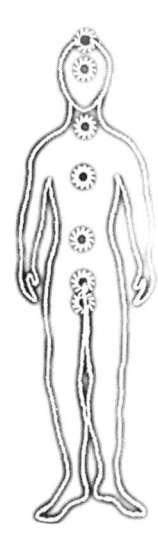

So wie der Kosmos seine Urmuster hat, so hat der menschliche Körper seine Energiezentren bzw. -räder, die so genannten **Chakren**. Sie werden nach dem indischen System in 7 Haupt- und Nebenchakren aufgeteilt. Aber natürlich ist dies **eines** von vielen Modellen. Einer meiner spirituellen Lehrer hat mich mal gefragt: "Isn't every cell a chakra?" ("Ist nicht jede Zelle ein Chakra?") Recht hat er!

Nachfolgend zwei von mir entwickelte Meditationsübungen:

Die HAPPY PLACE-Meditation
(eine 5-Minuten-Übung)

Schließe deine Augen. Entspanne dich. Atme langsam und tief. Konzentriere dich auf dein **Kronen-Chakra**. Versetze dich geistig an einen Ort, an dem du einmal sehr sehr happy warst. Zum Beispiel an einen Urlaubsort am Meer, in den Bergen oder sonst wo ... Schalte dann ganz bewusst alle deine fünf Sinne auf Empfang. Versuche, dich an den Geruch dieses Ortes zu erinnern. Atme ihn ein und aus. Vielleicht gab es damals ein besonders leckeres Gericht ... Und das erfreut nun erneut deine Zunge, deinen Gaumen, deinen Magen. Durch deine Finger rinnt kristallklares Wasser. Du streichelst die weiche Haut eines geliebten Menschen, streichst durch sein seidenes Haar ... Deine Augen erfreuen sich geliebter Bilder, hören bekannte Geräusche, wohltuende Klänge und deine Lieblingsmusik.

Probier's echt mal aus! Diese Übung ist total entspannend und hat die Wirkung von etwa **zwei Stunden Schlaf**. Manchmal kann diese Meditation ruhig auch in eine Art Trance- oder Schlafzustand übergehen, aus dem du nach 5 – 10 Minuten wieder erwachst, total erfrischt und mit neuer Power ...

Der MAGIC LIGHT-Ring

Schließe deine Augen. Entspanne dich. Atme langsam und tief. Konzentriere dich auf dein **Stirn-Chakra**. Visualisiere dort einen weißen, leuchtenden Ring. Lass ihn im Uhrzeigersinn rotieren und immer größer werden, bis er sich um deinen ganzen Körper dreht. Dieser Kreis schützt dich vor allen negativen und schädlichen Energien. Zeichne dann in jede Himmelsrichtung ein **bannendes Pentagramm** und rufe die Himmelsrichtungen, Engel bzw. Elemente an (siehe Tabelle S. 28). Am Ende dieses Rituals hebe den Kreis auf und danke den Himmelsrichtungen, Engeln bzw. Elementen.

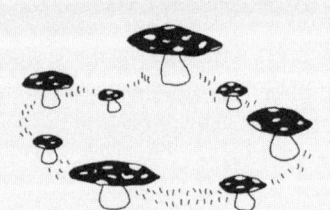

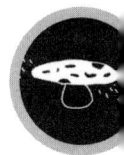

Den richtigen **äußeren** Ort für deine Rituale finden, das heißt: deinen persönlich magischen Ort/Kultplatz finden. Und das fängt dort an, wo du wohnst.

Wenn du alleine Rituale ausüben, dich konzentrieren oder meditieren willst, ist es wichtig, dass du einen ruhigen Ort aussuchst und einen Raum, den du gegebenenfalls auch abschließen kannst. Vor allem Einsteiger sollten ruhige Orte bevorzugen. Später wirst du dann in der Lage sein, auch an anderen, geräuschvolleren Plätzen zu praktizieren. Führe deine magischen Rituale möglichst immer an derselben Stelle aus. Diese Stelle soll ein heiliger Ort für dich werden und bleiben. Niemand hat das Recht, dich dort zu stören oder ohne Erlaubnis deinen heiligen Bezirk zu betreten. Betrachte diesen Bereich als einen Tempel des Göttlichen. Versuche, während deiner Rituale belanglose Unterhaltungen zu vermeiden und keine schlechten Dinge auszusprechen. Dann kann sich eine positive magische Energie aufbauen, und die Atmosphäre des Raumes wird empfänglich für alle möglichen Eindrücke. Betrete den Raum nicht mit Straßenschuhen bzw. schmutzigen Schuhen, und halte ihn sauber. Stelle Gegenstände (magische Werkzeuge) in Harmonie neben- bzw. zueinander und halte diese in Ordnung. Achte aber darauf, dass es dort nicht zu **viele** Dinge gibt. Denn diese könnten deine Aufmerksamkeit während der Rituale ablenken. Räucherwerk, Blumen und geweihte Dinge sind sehr hilfreich und ziehen Engel und andere gute Geister an. Wenn du einen neuen Raum weihst, räuchere ihn erst mal aus, verbunden mit einer speziellen Zeremonie. Öffne vor jedem Ritual die Fenster, lasse eine Weile frische Luft herein und schließe die Fenster wieder. Erschaffe deinen eigenen Wallfahrtsort, deinen göttlichen Tempel.

Wenn du Schwierigkeiten hast, diesen Platz im Haus, in der Wohnung oder in deinem Zimmer zu finden, mache nachfolgende Übung:

Übung für das Erspüren eines äußeren magischen Platzes drinnen

Du benötigst:

- Räucherwerk zum Reinigen des Ortes (z. B. Wacholder, Weihrauch, Rosmarin, Benzoe, Zedernholz)

- Pendel (es kann auch ein selbst angefertigtes sein)

Räuchere erst einmal den Raum bis in jeden Winkel aus, wobei du am besten einen Zauberspruch, ein Gebet oder ein Mantra sprichst. Dann finde mit dem Pendel den energetisch besten Platz. Dies kann natürlich einige Versuche erforderlich machen, bis du wirklich weißt, wo dein optimaler Platz ist.

DER MAGISCHE KREIS - DER ALTAR - DER TEMPEL

Der magische Kreis ist der elementare magische Ort auf astraler Ebene. Er ist ein wichtiger Bestandteil bei magischen Handlungen und wirkt schützend. Eine genaue Anleitung zum Ziehen eines magischen Kreises findest du in meinen Werken **Das Buch der Magie** und **Das Buch der magischen Rituale**. Ebenso zum Errichten eines Altars und Tempels. Beide, ob drinnen oder draußen errichtet, sind ganz elementare magische Orte für deine Rituale. Die Energien dort verstärken sich mit jedem Ritual, jedem Gebet, jeder Anrufung, jedem geweihten Gegenstand.

DEIN ÄUSSERER MAGISCHER ORT DRAUSSEN

Wie findest du deinen persönlichen magischen Ort draußen, und welche Möglichkeiten hast du, einen eigenen magischen Kult-Ort zu erschaffen?

Vorbereitung

Besorge dir Landkarten oder Wanderkarten aus deiner Umgebung. Studiere diese Karten und mache Erkundungsausflüge vor Ort. Wenn du bestimmte Punkte miteinander verbindest, wirst du möglicherweise zu ganz erstaunlichen Ergebnissen gelangen. Überhaupt: Das regelmäßige Studium solcher Karten ist hierbei sehr nützlich. Sammle so viel Material wie möglich: Märchen, Sagen, Legenden, Geschichten. Sprich auch mit den Menschen, die dort leben. Und wenn du dich genügend vorbereitet hast, suche den Ort auf. Achte dabei auch auf entsprechende Zeitpunkte wie Mondstände, astrologische Konstellationen, bestimmte Wochentage etc.

Kultorte auf Ley-Linien

In Kapitel 6 hast du den Begriff der Ley-Linie kennen gelernt. Sehr wirkungsvoll kann es sein, einen solchen Kultort auf einer Ley-Linie (siehe Kapitel S. 18) zu errichten. Wähle zwei oder drei energetisch bedeutende Orte, die einige Kilometer auseinander liegen, z. B. eine Kirche und einen Berg. Zwischen diesen beiden Punkten suche deinen persönlichen Kraft- bzw. Kultort. Dieser kann dann auch auf einer Ley-Linie liegen. Aber gehe behutsam damit um. Möglicherweise wirkt dort eine enorme Kraft, und du solltest erst einmal mit der Energie umgehen lernen.

Exkursionen an Plätze im Freien

Erfühle die Atmosphäre, die Schwingungen verschiedener Orte. Nähere dich ihnen offen und vertrauensvoll. Sei sensibel dafür, was der entsprechende Ort dir mitteilen will. Mit ein bisschen Übung und fortschreitendem Studium der Magie wirst du die Energien dort bald wahrnehmen. Du wirst dann vielleicht imstande sein, die Geschichte dieses Platzes zu erahnen. Oder spüren, wenn es in verlassenen Häusern spukt ... Eventuell wirst du Tiergerüche wittern, Fährten entdecken, Stimmen hören ... Sicherlich kann die Wirkung eines solchen Ortes unterschiedlich ausfallen. Deswegen nimm auch Freunde mit zu diesen Plätzen, damit ihr eure Erfahrungen untereinander austauschen könnt. Wenn du glaubst, deinen ganz persönlichen Kraftort gefunden zu haben, stelle dich an den Punkt, an dem du die stärkste Energie verspürst. Dann begib dich in eine meditative Stimmung, entspanne dich, atme tief und ruhig. Denke dir eine unsichtbare Linie durch deinen Körper hindurch in die Erde. Das wird dir helfen, das Wesen dieses Ortes zu erspüren.

Der spirituelle Lehrer William Bloom nennt als Voraussetzung für das Erspüren eines Ortes drei ganz wichtige Punkte:

1. Sich erden
2. Sich zentrieren
3. Regelmäßig atmen

1. Sich erden:

Wenn du dich erdest, vermeidest du damit, dass du zu sehr in Zustände der Illusionen abdriftest. Die Verbindung zum dichtesten aller Elemente verankert dich.

2. Sich zentrieren:

Das bedeutet: In deiner Mitte sein, in Stille und Ehrfurcht.

3. Regelmäßig atmen:

Das bewusste, gleichmäßige Atmen klärt dich und verbindet dich mit dem Ur-Rhythmus der Natur.

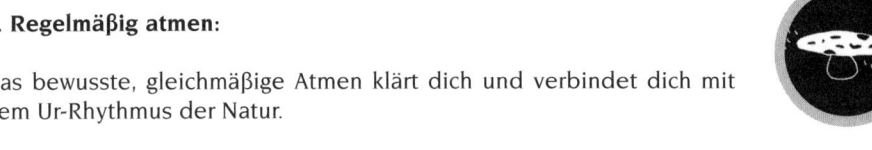

Steinkreis-Rituale

Die Rituale mit Steinen und Steinkreisen sind keineswegs festgelegt. Nachfolgend schlage ich drei Basismodelle zum Legen von Steinkreisen vor:

- **Stein der Mitte + 4 Steine** im Kreis

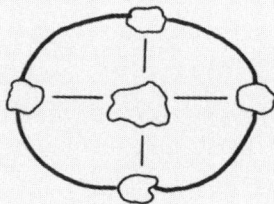

- **Stein der Mitte + 6 Steine** im Kreis (Sechseck, Hexagramm, Wasser- /Schneeflocken-Kristall)

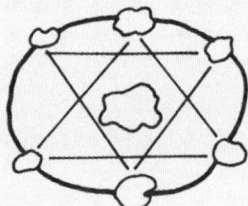

- **Stein der Mitte + 12 Steine** im Kreis (Stunden, Tierkreis, Monate etc.)

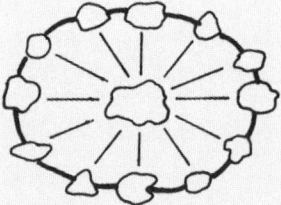

Natürlich sind hier auch Kombinationen möglich, sodass ein Kreis oder mehrere Kreise innerhalb eines Kreises entstehen.

Wir beginnen die Zeremonie mit dem Legen des **Steins der Mitte**. Er verkörpert die Eine Kraft, die uns alle und die gesamte Schöpfung miteinander verbindet. Nahe liegend ist es, nun vier weitere Steine zu setzen. Auch Edelsteine sind dafür geeignet. Suche passende Steine, welche die vier Himmelsrichtungen, vier Jahreszeiten, vier Elemente, vier Erzengel usw. symbolisieren. Nachfolgende Tabelle kann dir dafür nützlich sein:

	OSTEN	SÜDEN	WESTEN	NORDEN
Engel	Rafael	Michael	Gabriel	Uriel
Element	Luft	Feuer	Wasser	Erde
Sinnbild	Erleuchtung	Liebe	Ordnung	Klarheit
Jahreszeit	Frühling	Sommer	Herbst	Winter
Tageszeit	Morgen	Tageslicht	Abend	Nacht
Alter	Kindheit	Jugend	Erwachsensein	Alter
Farbe	Weiß	Blau	Gelb	Schwarz

Das Setzen von 6 Steinen ergibt ein Sechseck bzw. Hexagramm. Es ist eine ursprüngliche, überall in der Natur vorkommende Form, z. B. beim Wasser- und Schneeflocken-Kristall. Mit 12 Steinen kannst du bzw. könnt ihr z. B. die Tierkreiszeichen und Monate kennzeichnen.

SAGENUMWOBENES UND PHANTASTISCHES

ATLANTIS

DER VERSCHWUNDENE KONTINENT

Immer noch sind wir fasziniert von den Berichten und Geschichten über das sagenumwobene Atlantis. Manche Wissenschaftler meinen, dass dieser Kontinent vor ca. elftausend Jahren entweder im Mittelmeer, im Atlantischen Ozean oder aber in Südamerika gelegen haben könnte. Doch hat Atlantis überhaupt jemals existiert?

In seiner Geschichte "Timaeus und Critias" (ca. 350 v. Chr.) beschreibt der griechische Philosoph *Platon* eine Stadt namens Atlantis, die von dem König Tantalus regiert wurde. Nach Platons Aussagen soll sie mitten im Atlantischen Ozean gelegen haben. Zahlreiche mit Gold verzierte Bauten sollen dort errichtet worden sein. Doch Atlantis war dem Untergang geweiht und versank nach einer verheerenden Naturkatastrophe im Meer. Es heißt, dass der Grund dafür der Sittenverfall der Menschen und der Missbrauch ihrer magischen Kräfte gewesen sein soll. Denn der Legende zufolge waren die Atlanter in mehreren verschiedenen Künsten weit fortgeschritten, insbesondere in der Astrologie und Magie.

Die Legende von Atlantis

Vor vielen tausend Jahren lebte einst auf einer traumhaft schönen Insel, mitten im Atlantischen Ozean, ein mächtiges und stolzes Volk. Es kam dank der Fruchtbarkeit und der reichhaltigen Bodenschätze zu großem Reichtum. Diese Insel hieß Atlantis und galt als Zentrum des Handels und der Geschäftswelt. Ihr Einfluss reichte bis nach Europa und Afrika.

Als sich Poseidon, der Gott der Meere, in die sterbliche Cleito verliebte, erwählte er Atlantis zu seiner Heimat und zog mit ihr auf den höchsten Berg inmitten der Insel. Um das Land zu schützen, umgab er sein Reich mit Ringen aus Wasser. Cleito schenkte Poseidon fünf Zwillingspaare. Diese wurden die ersten Herrscher von Atlantis. Die Brüder teilten sich die Insel auf, und der älteste namens Atlas wurde der erste König von Atlantis. Auf der Spitze dieses Berges ließ er einen Tempel zu Ehren Poseidons erbauen. Auf ihm stand ein Denkmal ganz aus Gold: Poseidon führte einen Kampfwagen an, der von geflügelten Pferden gezogen wurde. An diesem Ort trafen sich die Herrscher von Atlantis, um Gericht zu halten und Poseidon zu ehren. Von den Bergen strömten Flüsse und Bäche und bewässerten das Land der Atlanter. Das Klima der Insel ermöglichte zwei Ernten im Jahr. Exotische Früchte wuchsen dort, und aus den zahlreichen Kräutern zauberten die Atlanter die herrlichsten Gewürze. Alle möglichen Tierarten, Papageien und andere Vögel, Affen und Elefanten wohnten friedlich nebeneinander. Über Generationen hinweg lebten die Atlanter ein einfaches, zufriedenes Dasein. Bis sich eines Tages Macht, Neid und Eifersucht wie eine Seuche unter den Inselbewohnern ausbreitete. Die einstmaligen Hüter der weiß-magischen Künste wurden immer mehr zu schwarzen Magiern, die ihre Kräfte zu ihrem eigenen Vorteil und zum Schaden anderer nutzten. Als Zeus dies bemerkte, versammelte er die anderen Götter um sich und hielt Rat. Da beschlossen die Götter, dass das Volk von Atlantis bestraft werden müsse. Und es dauerte nicht lange, bis Atlantis vom Erdboden verschwunden war: Ein gewaltiges Erdbeben legte es in Schutt und Asche. Daraufhin folgte eine Sintflut, die den Kontinent unter sich begrub.

Handelt es sich bei der Sage um Atlantis nur um eine erfundene Geschichte? Wurde Atlantis etwa mit der Zerstörung der Insel Thera und der minoischen Kultur verwechselt? Oder hat es Atlantis wirklich gegeben?

Eine erfundene Geschichte?

Platon tritt ganz klar als Zeuge auf und behauptet in seinem Buch mehrmals, dass es sich um eine wahre Geschichte handle. Die geographischen Beschreibungen Platons wirken teilweise sogar glaubhaft. Doch niemand kann bis heute beweisen, dass es Atlantis tatsächlich einmal gab.

Die Insel Thera und die minoische Kultur

Es gibt einige verblüffende Ähnlichkeiten zwischen dem Untergang **Theras** und der Zerstörung von Atlantis. Thera war eine vulkanische Insel und wurde ca. 1500 v. Chr. durch einen Vulkanausbruch zerstört. Mehr als die Hälfte der gesamten Insel versank im Meer. Der übrig gebliebene Teil ist die heutige Insel **Santorin**. Die Funde, die man auf dieser Insel machte, weisen auf eine hohe, vermutlich die minoische, Kultur hin.

NORIKUM

Österreich ist Keltenland!

Das keltische Königreich **Norikum** wurde um 180 v. Chr. gebildet und bestand aus 13 Volksstämmen. Es umfasste das Gebiet des heutigen Österreichs (mit Ausnahme von Tirol und Vorarlberg).
Noreia war die keltische Hauptstadt, die man in der Gegend des heutigen Unterkärnten vermutet. Genauso hieß auch die Stammesgöttin und Landesmutter von Norikum. Von den Römern wurde sie später als Isis Noreia verehrt. Im Tempel-Museum am Frauenberg in der Steiermark befinden sich Überreste eines Isis-Noreia-Tempels. Um 15 v. Chr. hatten sich die Keltenstämme durch Verträge friedlich dem Römischen Reich angeschlossen. Nachdem in den 20er Jahren des vorigen Jahrhunderts eine Keltensiedlung im österreichischen St. Margarethen an der Sau-Alpe in der Steiermark ausgegraben wurde, glaubte man tatsächlich, die sagenumwobene keltische Hauptstadt **Noreia** gefunden zu haben. Es gibt aber bis heute keine wirklichen Beweise dafür. Als sicher gilt jedoch, dass in dieser und der Region um **Diex** und **St. Veit a. d. Glan** in Unterkärnten die verschollene keltische Hauptstadt **Noreia** lokalisiert werden kann.

VINETA

Lag der Sagenort auf einer polnischen Ostsee-Insel?

Ähnlich wie bei Atlantis ist nicht endgültig geklärt, wo die sagenhafte Stadt **Vineta** genau lag. Wir wissen lediglich, dass Vineta einst eine einflussreiche Handelsmetropole an der Ostsee in der Gegend der Inseln **Wolin** und **Usedom** war. Sie soll ein ähnliches Schicksal wie Atlantis ereilt haben: Reichtum und Verschwendungssucht machten die Bewohner überheblich, stolz und neidisch. Der Untergang war somit auch für Vineta vorprogrammiert.

DELPHI

Das Orakel von Delphi

Delphi ist die antike Stadt am Fuße des Parnass, auf dem griechischen Festland, in der Landschaft Phokis gelegen. Heute ist es Weltkultur-Erbe der UNESCO. Wie uns der Dichter *Homer* berichtet, ist Delphi die Hauptkultstätte von *Apollo*, dem Sohn des *Zeus*. *Apollo* war der Gott der Sonne, der Fruchtbarkeit, der Dichtung, Musik, Heilkunde und Weissagung. Delphi war für die alten Griechen der Mittelpunkt der Welt. Einst soll *Zeus* zwei große Adler aufsteigen gelassen haben, damit sie die Erde ausmessen. Nach ihren Erkundungen trafen sie sich am Mittelpunkt der Welt, am **Omphalos** (= Nabel der Welt), einem kostbaren Stein.

KORNKREISE

Außerirdische Kunstwerke?

Wie kommt man nur hinter das Rätsel der Kornkreise, dieser angeblich magischen Orte? Nahezu 1000 (!) Kornkreise sind bisher dokumentiert. Die ersten Muster aus niedergedrücktem Getreide tauchten im Jahr 1979 in England auf.

Im Februar 1992 hatte der bekannte englische Wissenschaftler *Rupert Sheldrake* eine originelle Idee: Er organisierte einen Wettbewerb für Kornkreis-Fälscher. Der 1. Preis war mit 3000 Pfund (ca. 4285 Euro) ausgeschrieben. Nachdem ein Sponsor gefunden war, konnte das ungewöhnliche Experiment starten. In der Nacht vom 11. zum 12. Juli 1992 trafen sich dann zwölf teilnehmende Gruppen auf einem Weizenfeld in **West Wycombe**, in der englischen Grafschaft Buckinghamshire bei London. Dieser von einem exzentrischen Grafen zur Verfügung gestellte Platz gilt als mysteriös und geheimnisvoll. Dort sollen früher einmal von den Vorfahren des Grafen schwarze Messen abgehalten worden sein. Und obendrein soll dort nach einer 600 Jahre alten Überlieferung "der Teufel selbst den ersten Kornkreis angelegt haben". Mit recht einfachen Werkzeugen ausgerüstet, nämlich Eisenstangen, Schnüren, Brettern, Plastikfolien und Rollen, schafften es fast alle teilnehmenden Teams, innerhalb der angegebenen Zeit (von 22.00 Uhr bis 3.30 Uhr), mit der gestellten Aufgabe fertig zu werden. Dieser Wettbewerb konnte somit den Beweis erbringen, dass es leichter ist, einen Kornkreis mit teilweise auch schwierigen Mustern anzulegen, als man bis dahin annahm.

KALENDERBAUTEN

Rätselhafte Kalenderbauten

Östlich der Isar-Mündung (z. B. bei **Meisternthal** und **Künzig**) befinden sich einige der ältesten jungsteinzeitlichen Kalenderbauten der Welt (ca. 5000 v. Chr.). Ebenso alt sind **Quenstedt**/Ostharz und das sächsische **Kyhna**.

Im November 1980 entdeckte der Luftbildarchäologe Otto Braasch die jungsteinzeitliche Siedlung Meisternthal. Es handelt sich um einen Kalenderbau aus der Zeit um ca. 4800 v. Chr., der später teilweise wieder errichtet wurde. Durch solche Kalenderbauten wurden die optimalen Termine für Aussaat und Ernte und religiöse Rituale zum richtigen Zeitpunkt angezeigt.
Der Kalenderbau von Meisternthal war mit seiner ca. 50 Meter langen Ellipse der exakteste. Darin waren Auf- und Untergangspunkte der Sonnenwendtage sowie der Tag- und Nachtgleichen markiert.

DAS BERMUDA-DREIECK

Schwarze Löcher oder Tor zur Anderswelt?

Seit langer Zeit sollen im **Bermuda-Dreieck** Menschen und Gegenstände, Schiffe und Flugzeuge spurlos verschwinden. Und noch niemand konnte dieses Rätsel lösen. Sind da etwa mysteriöse magnetische Kräfte am Werk? Andere glauben, dass dort immer wieder Außerirdische landen und sogar eine Station eingerichtet haben. Manche vermuten auch den sagenhaften Kontinent Atlantis im Bermuda-Dreieck. Wieder andere sprechen von "Schwarzen Löchern" oder einem "Tor zur Anderswelt" ...

Das Bermuda-Dreieck, auch "Teufelsdreieck" genannt, ist ein riesiges Dreieck in der Karibik, dessen Eckpunkte die Inseln **Bermuda, Puerto Rico** und die Stadt **Fort Lauderdale** in Florida bilden. Im Jahr 1964 veröffentlichte *Vincent Gaddies* im Magazin "Argosy" einen Artikel über das Dreieck. Darin und in seinem nachfolgenden Buch "Invisible Horizon" berichtete er über Rätsel und Phänomene dieses Dreiecks. Aber erst durch *Charles Berlitz* und seine Bücher "Das Bermuda Dreieck" und "Spurlos" wurde das Phänomen weltweit bekannt. In diesen Büchern schildert er dramatische Ereignisse von spurlos verschwundenen Schiffen und Flugzeugen sowie das Auftauchen unheimlicher Geisterschiffe. Damit wurde man weltweit auf das Bermuda-Dreieck aufmerksam. Ja, es entwickelte sich geradezu eine Hysterie. Immer mehr Bücher wurden und werden bis heute darüber veröffentlicht.

Das bekannteste Beispiel eines solch mysteriösen Verschwindens ist der "Flug 19", den Flugschüler einer Staffel von Militärmaschinen am 5. Dezember 1945 unternahmen. Laut der eben genannten Autoren *Gaddis* und *Berlitz* sollen die fünf Torpedo-Bomber bei herrlichstem Wetter von Fort Lauderdale aus gestartet und nie mehr aufgetaucht sein. Wie man jedoch später durch genauere Nachforschungen herausfand, soll das Wetter zu besagtem Zeitpunkt alles andere als freundlich gewesen sein. Zudem hatte der Kommandant der Staffel den Kurs verloren und irrte nördlich der Bahamas umher, bis ihm der Treibstoff

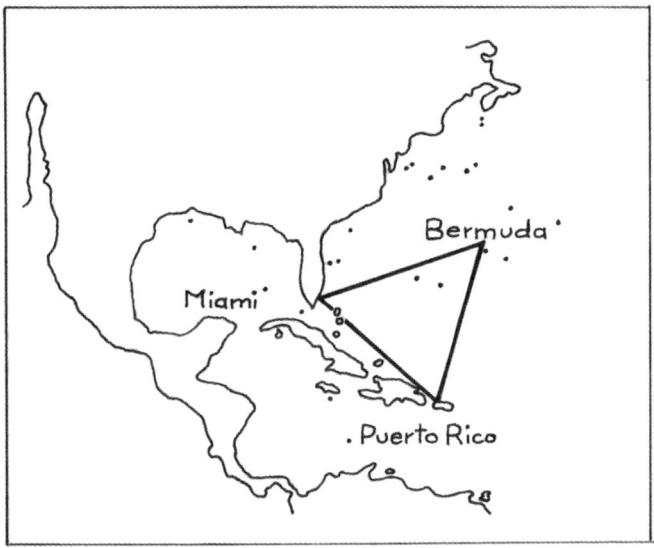

Die kleinen schwarzen Punkte auf der Karten-Zeichnung markieren die Unfälle der Schiffe und Flugzeuge sowie vermisste Personen. Hieraus ist ganz klar ersichtlich, dass sich die meisten Unglücksfälle außerhalb des Bermuda-Dreiecks ereigneten.

ausging und er abstürzte. Dies ist eines von vielen Beispielen, wie schnell Tatsachen einfach verdreht werden können.

Wie gut, dass es da nüchterne und nachforschende Geister gibt, sonst wären wir ja nur noch dem Aberglauben und den Fantasien solcher Autoren ausgeliefert. James Randi, der "Sherlock Holmes" der Parapsychologie beispielsweise, schreibt in seinem Buch **"Lexikon der übersinnlichen Phänomene"**, dass sich die Mehrzahl der genannten Katastrophen außerhalb des Bermuda-Dreiecks ereigneten und sich auch eindeutig erklären lassen. Außerdem führt er an, dass viele der Schiffe und Flugzeuge, welche dort verschwunden sein sollen, nie existierten.

Eine Erklärung für das Verschwinden von Schiffen bietet möglicherweise eine Besonderheit im Gebiet des Bermuda-Dreiecks. Es gibt dort auf dem Meeresgrund nämlich größere Methangas-Vorkommen. Bei sehr niedrigen Temperaturen und hohem Druck entsteht Methan-Hydrat. Dieses Gas strömt an die Meeresoberfläche und verändert die Oberflächenspannung des Wassers. Dadurch können auch Schiffe in Gefahr gebracht werden.

"WELTKULTUR-ERBE", WAS IST DAS EIGENTLICH?

"Weltkultur-Erbe", dieses Wort begegnet uns in diesem Buch mehrmals. Doch was ist das eigentlich? Das "Weltkultur-Erbe", auch "Welt-Erbe" genannt, ist eine Bezeichnung für Stätten der Menschheit, welche für besonders erhaltenswert erachtet werden. Es sind Weltkulturgüter und Naturdenkmäler. Sie werden von der UNESCO in die Liste des Welt-Erbes ("World Heritage List") aufgenommen. Es gibt auch eine "Rote Liste des Welt-Erbes", das sind besonders gefährdete Stätten der Welt.

> *Die Natur spricht lauter als der Rufer vom Minarett**
> Hazrat Inayat Khan

DIE NATUR

In der Natur finden wir die "greifbarsten" Orte der Magie. Sie schenkt uns schier unerschöpfliche und inspirierende Quellen für unsere Rituale und unser Leben überhaupt. Die Natur besitzt ihren eigenen Rhythmus und ihre eigene Gesetzmäßigkeit. Sie ist die größte Quelle der Magie.

---

* Minarett = Turm einer Moschee, von wo der Muezzin (Gebetsrufer) die gläubigen Muslime zum Gebet ruft.

WUNDERKRAFT WASSER

Wasser ist das wichtigste und wertvollste Lebenselixier auf unserer Erde. Im beständigen Kreislauf befindlich – als wahres Wunderwerk der Natur – versorgt es Menschen, Pflanzen und Tiere in unerschöpflicher Weise. Alles organische Leben ist durch Aufnahme und Ausscheidung des Wassers in diesen Kreislauf mit einbezogen.

WASSER-INITIATIONSRITEN DER VÖLKER

Seit Menschengedenken spielen in den Traditionen der Völker dieser Erde Wasserrituale eine nicht wegzudenkende Rolle. Einige sind:

◆ Die Taufe und der Gebrauch des Weihwassers bei den Christen
◆ Die fünf täglichen Waschungen der Muslime
◆ Das Bad der Hindus im Ganges
◆ Das Baden von Götterstatuen der alten Griechen

Hast du schon einmal **richtiges** (von seiner Struktur her unverändertes) Wasser gefühlt, gerochen, geschmeckt? Nein? Dann will ich dir dazu etwas erzählen ...

Ein ganz normaler Waldspaziergang

Eigentlich wollte ich mit meiner Freundin Rose nur einen Spaziergang machen, an einem ganz normalen, fast faden Sonntagnachmittag. Unser Weg führte durch einen tiefen Wald Richtung Luxemburger Grenze. Dennoch ahnte ich, dass bald irgendetwas ganz Besonderes passieren würde. Rose kannte sich hier gut aus, und sie war für ihre "Überraschungen" bekannt. Wir gingen eine Weile dahin, und der Wald wurde immer dichter und dunkler. An einer Biegung des Waldweges zeigte sich eine grottenartige Schlucht, in dem ein kleines, zierliches Bächlein munter herabplätscherte. Wir kamen näher, und eine wunderbar erfrischende Bö ergriff uns. Die Bö wurde zum Wind und durchdrang uns von oben bis unten. Da standen wir nun ganz ehrfürchtig vor dem Bächlein. Mit einem Mal öffneten sich unsere Lungen und Poren. Wir wurden Zeugen einer Zauberwelt aus Feen und Naturgeistern. Wir sahen uns an, waren sprachlos und standen lange Zeit noch unbeweglich ...

MASARU EMOTOS WASSER-KRISTALL-BILDER

Dieses Thema ist so faszinierend, dass ich es in Verbindung mit dem magischen, wunderwirkenden **Wasser** nicht unerwähnt lassen möchte. Auch wenn viele Wissenschaftler es immer noch bezweifeln und bestreiten: **Wasser ist in der Lage, Informationen zu speichern.** Davon ist der Japaner Masaru Emoto jedenfalls überzeugt. In 12-jähriger Forschungsarbeit hat er herausgefunden, dass durch Wasser nicht nur Informationen, sondern auch Gedanken und Gefühle gespeichert werden können. Innerhalb von drei Jahren fertigte er dann zehntausende Fotografien von besprochenen, mit Gedanken beschickten und Musik bespielten Wasserkristallen an und wertete diese aus. Die Ergebnisse waren geradezu sensationell. So bildeten sich je nach Art des Wortes, der Gedanken oder Musik mehr oder weniger schön ausgebildete, sechseckige Wasserkristalle.

Mache nachfolgende Rituale. Sprich die Worte erst laut in Richtung Wasser. Sie werden vom Wasser dankbar aufgenommen werden. Dann rezitiere die Worte innerlich beim Ein- und Ausatmen wie nachfolgend:

Rituale am Wasser

... an einer Quelle:

Lass den Strom Deiner Weisheit und Freude in meiner Seele aufsteigen, (Atem **ein**)
wie das Wasser der Quelle. (Atem **aus**)

... an fließendem Wasser:

Mein Leben fließt zu Dir, mein Ozean, (Atem **ein**)
wie der Fluss zum Meer. (Atem **aus**)

... an einem stillen Wasser:

Lass mein Herz Deine Ruhe spiegeln, (Atem **ein**)
wie die Stille des Wassers. (Atem **aus**)

Du kannst diese Übung auch zu Hause machen und in ein Glas mit reinem Wasser (ohne Kohlensäure) sprechen und anschließend das Wasser trinken.

QUELLEN, HEILQUELLEN UND GEYSIRE

> "Und ein Strom geht von Eden aus, den Garten zu bewässern; und von
> dort aus teilt er sich und wird zu vier Armen."
>
> Genesis 2,10

Quellen

Quellen waren stets wichtige Treffpunkte und Stätten der Begegnung. Seit dem Altertum ist das aus geheimnisvollen, unbekannten Tiefen emporsteigende Wasser ein Symbol für Leben, Geschenk und Fürsorge durch die göttlichen Mächte. Quellen werden von jeher heilende Kräfte zugeschrieben. Doch früher sah man die Heilkraft nicht im Wasser selbst, sondern glaubte, dass Geister in den Quellen wohnten, Quellnymphen, Nixen und andere
Wesen. Wurden diese Geister mit Geschenken freundlich gestimmt, so sollten Wünsche in Erfüllung gehen. Noch heute pflegen manche Menschen den Brauch, Münzen in Brunnen zu werfen, und sich dabei etwas zu wünschen.

TLACOTE

Wunderquelle bei Mexico City

Tlacote ist eine kleine Stadt, etwa zweieinhalb Stunden von Mexiko City entfernt. Jesus Chahin ist der Besitzer der Ranch, in der sich diese Heilquelle befindet. Er entdeckte die Wunderkraft des Wassers, als sein Hund nach einer Verletzung überraschend schnell gesund wurde, nachdem er aus der Quelle getrunken hatte. Seit Mai 1991 strömen täglich zwischen 5000 und 10000 Menschen aus aller Welt dorthin. Es heißt, dass durch das Wasser viele Menschen von Krankheiten wie Zucker, Epilepsie, Arthritis, Krebs und sogar Aids geheilt wurden.

Zu dieser und auch den nachfolgenden Heilquellorten ist etwas Wichtiges zu sagen: Seit über 10 Jahren geistert ein angeblicher "Messias", der so genannte *Maitreya*, über den Globus. Dessen Promoter, der englische Künstler *Benjamin Creme*, lässt in den Medien und eigenen Publikationen verlauten, dass der Messias weltweit Quellen in Heilquellen verwandle. Dahinter steht eine fragwürdige Organisation, die sich **Share-International** nennt.

HEISSE QUELLEN

Zu den faszinierendsten Quellorten, die ich je erlebt habe, gehören die **heißen Quellen von Wiesbaden**. Schon der bloße Aufenthalt in deren Nähe hatte immer eine wohltuende, aufladende Wirkung auf mich und andere. Im Kurhaus von 1913, auch Kaiser-Friedrich-Bad genannt, befindet sich eine Rheuma-Klinik. Sie verwendet das kochsalzhaltige Wasser der Thermalquellen Wiesbadens. Zu den Angeboten dort gehören Heilgymnastik in Thermalbecken, Thermalbäder, Massagen, Kneippkuren, Elektrotherapie, Inhalationen, Trinkkuren und römisch-irische Bäder. Das Wasser der natrium-chloridhaltigen Quellen hat eine Temperatur von 27-67°C. Krankheiten der Atmungsorgane, Rheuma, Bandscheibenschäden und andere Bewegungs- und Stoffwechsel-störungen werden hier mit Erfolg behandelt. Die bekannteste Quelle der Stadt ist der **Kochbrunnen**. Die 66 Grad heiße Natrium-Chlorid-Therme liefert in der Minute 346 Liter Heilwasser! Es schmeckt ja nicht gerade köstlich, dieses Wasser, eher nach faulen Eiern, aber es hat eine große Heilwirkung. Das folgende Gedicht von *Gabriela d'Albert* entstand an einer großen Muschelskulptur, aus der permanent heißes Wasser sprudelt. Dieser **Kochbrunnen** war einer unserer ersten gemeinsamen Kraftorte.

Einige weitere bedeutende Quellen und Heilquellen weltweit:

Heilquelle Nadana, Nähe Delhi (Indien)

Die Brunnen von Derbyshire (England)

Anderweltquelle von Seghais (Irland)

St. Aeliansquelle in Llanelian y Rhos (Wales)

Heiße Quellen von Sapporo/Insel Hokkaido (Japan)

Heiße Quellen von Tengchong/Yunnan (China)

Quellengeister

Quellengeister, Quellengeister, tanzt, tanzt ...!
Quellengeister, Quellengeister, tanzt, tanzt ...!

Lasst mich eure Kräfte spüren,
Öffnet eure Erdentüren.
Tanzt!

Aus heißen Wassern Wesen steigen,
Die zärtlich sich im Tanz verneigen.
Umschlungen kosen schöne, wahre
Geisterhafte Liebespaare.

Quellengeister, Liebesmeister, tanzt, tanzt ...
Quellengeister, Liebesmeister, tanzt, tanzt ...

Zieht aus die heißen Nebelkleider,
Zeigt mir eure Wasserleiber.
Tanzt!

Geheimnisvoll der Tanz erscheint,
Verborgen dann das Paar vereint
Im nebelhaften Glück zugleich,
Auf Erden und im Himmelreich.

Quellengeister, Quellengeister, tanzt, tanzt ...!
Quellengeister, Quellengeister, tanzt, tanzt ...!

Lasst mich mit meinem Herzen sehen,
Helft mir, die Erdenkraft verstehen.
Tanzt!

Ach, ihr guten Erdengeister,
Seid mir wie ein Liebesmeister.
Habt gelehrt mich, euch zu ehren,
Erzählt von euren Liebessphären.

Tanzt, tanzt,
Tanzt, tanzt!

Gabriela d'Albert

GEYSIRE

Ein **Geysir** ist eine heiße Springquelle in meist vulkanischen Gebieten, wie z. B. **Island, Neuseeland** oder im **Yellowstone National Park** (USA). Die Isländer nützen die Energie, die Geysire erzeugen können, schon seit Jahrzehnten. Die Erdwärme wird dort sowohl zum Heizen als auch zur Stromerzeugung in Kraftwerken verwendet. Auch auf den **Philippinen**, in den **USA** und in **Neuseeland** wurden in den letzten Jahren mehrere solcher Kraftwerke gebaut. Dabei wird das heiße Wasser aus der Tiefe über ein Bohrloch nach oben gefördert. Im Kraftwerk gibt es dann seine Wärme an eine andere Flüssigkeit ab, die daraufhin verdampft. Der Dampf wiederum treibt eine Turbine an, die Strom erzeugt. In Deutschland hat das Geo-Forschungszentrum in jüngster Zeit damit begonnen, künstliche Geysire zu schaffen, um ebenfalls Nutzen aus der Erdwärme zu ziehen. So bohrten Wissenschaftler in **Brandenburg** ein 4000 Meter tiefes Loch.

HÖHLEN, "HÖLLEN"-ORTE, GROTTEN UND STOLLEN

> " ... den Leuten aus dem Dorfe waren diese Höhlen schon bekannt: aber bis jetzt hatte keiner gewagt hineinzusteigen; vielmehr trugen sie sich mit fürchterlichen Sagen von Drachen und andern Unthieren, die darinn hausen sollten. Einige wollten sie selbst gesehn haben, und behaupteten, dass man Knochen an ihrem Eingange von geraubten und verzehrten Menschen und Thieren fände. Einige andre vermeinten, dass ein Geist dieselben bewohne, wie sie denn einigemal aus der Ferne eine seltsame menschliche Gestalt gesehn, auch zur Nachtzeit Gesänge da herüber gehört haben wollten."
>
> Novalis (aus dem Roman-Fragment „Heinrich von Ofterdingen")

Höhlen

Höhlen spielten viele Jahrtausende lang eine wichtige Rolle im kultischen Leben der Menschen. Sie wurden als die Wohnstätten aller möglichen Geister, Dämonen, Zwergen, Feen und anderer mystischer Figuren angesehen. Außerdem boten sie Wohnung und Schutz, dienten als Spähorte, um Wild zu jagen und als Kultorte für magische Rituale. Und heute noch sind Millionen von Menschen von ihnen fasziniert. Viele Höhlen sind beliebte Touristenattraktionen. Es soll Höhlen geben, die ganz besondere magische Kräfte in sich bergen:

Wunschhöhlen, die man aufsucht, damit ein Wunsch in Erfüllung geht.

Fruchtbarkeitshöhlen, die kinderlose Frauen vor allem früher gerne besuchten. Diese sollten ihnen Nachwuchs bescheren. Waren Frauen nicht in der Lage, ihre Babys zu stillen, so sollten sie gewisse Tropfsteinhöhlen besuchen. Das Saugen an den Zapfen sollte den Milchfluss anregen.

Kulthöhlen, die sich ganz besonders für schamanistische Rituale und magische Zeremonien eignen.

Bei meinen Nachforschungen war ich erstaunt, wie viele interessante und doch relativ unbekannte Höhlen auch in unserem Land existieren.

In der **Schwäbischen Alb** gibt es zahlreiche Höhlen, in denen Relikte aus der Steinzeit geborgen wurden. Zwei der berühmten Stätten sind die **Ofnethöhle** und die **Vogelherdhöhle**. Sie sind beide einsam gelegen und als Kultorte daher sehr geeignet. Zu den weiteren bedeutenden Kulturdenkmälern des Harzes gehören die **Einhornhöhle** und die **Steinkirche**.

EINHORNHÖHLE

Die **Einhornhöhle** liegt im Südharz, westlich von Bad Lauterberg. *Goethe* besuchte sie auf seiner dritten Harzreise im Jahre 1784, um dort geologische Studien zu betreiben. Unter dem Namen "Zwergenlöcher" fand diese Höhle schon in der Mitte des 16. Jahrhunderts Erwähnung. Sie ist etwa 550 Meter lang. Die Einhornhöhle wurde von Wissenschaftlern schon früh gründlich untersucht. Archäologische Funde beweisen, dass einst Menschen dort lebten und die Höhle auch zu kultischen Zwecken nutzten. Man fand dort ein Grab und Skelettreste.

STEINKIRCHE

Unweit von der Einhornhöhle befindet sich die **Steinkirche**. Sie ist eine Kulthöhle und wird vor allem von Wissenschaftlern und Geomanten als solche sehr geschätzt. Die Steinkirche gilt als eine der bedeutendsten Kulturdenkmäler des Harzes. Die steinzeitlichen Funde stammen von einer Siedlung, die seit dem 10. Jahrhundert v. Chr. bestand. Im Mittelalter existierte dort eine christliche Kirche, welche angeblich schon von *Bonifatius* im 8. Jahrhundert gegründet worden sein soll.

"Die Steinkirche im 19. Jh." Stahlstich nach einer Zeichnung von L. Richter.

Es gibt eine schöne Sage aus dieser Gegend, die ich dir gerne erzähle:

Die Hexe und das Einhorn

Zur Zeit des Frankenreiches lebte einst eine alte, gütige und weise Frau. Sie wohnte ganz alleine in einer Steinhöhle im Harzer Land. Vielen Menschen, die mit ihren Sorgen und Nöten zu ihr kamen, gab sie Rat und Hilfe. Eines Tages durchstreiften christliche Missionare das Land und bekämpften die alten Kulturen. Doch die Menschen im Harz ließen sich nicht so ohne weiteres bekehren und besuchten weiterhin die alte Frau. Dies kam dem Frankenkönig *Karl dem Großen* zu Ohren. Er befahl seinen bewaffneten Untertanen: "Fangt diese Hexe ein und bringt sie lebendig zu mir!" Daraufhin durchstreiften die Soldaten den Harzer Wald. Der Weg durch die Wildnis war beschwerlich, und mit Mühe und Not erreichten sie die Höhle der Alten. Doch diese witterte frühzeitig die Gefahr. Auf einmal sprang aus dem Wald ein ganz sonderbares Tier. Es hatte die Größe eines Hirsches, doch auf der Stirn nur ein Horn. Es kniete vor der alten Frau nieder, ließ sie aufsitzen und trug sie in Windeseile davon. Da nahmen die Soldaten die Verfolgung auf, allen voran ein Mönch mit schwarzer Kutte. Fast hatte er die Alte schon eingeholt. Da sprach diese einen Zauberspruch. Und plötzlich tat sich unter dem Mönch die Erde auf, und er stürzte in die Tiefe. Als die Soldaten an jenen Ort kamen, fanden sie ein riesiges Loch vor. Sie stiegen hinab und entdeckten eine große Höhle. Dort vergruben sie den Mönch und suchten dann das Weite. In dieser Höhle soll das wundersame **Einhorn** gelebt haben. Man weiß nicht so genau, ob die Knochen, die man dort fand, von dem Mönch, dem Einhorn oder anderen Tieren stammten. Es heißt aber, dass sie große Zauber- und Heilkräfte besäßen.

Weitere sehenswerte Höhlen sind die **Nixenhöhle** bei Osterhagen, die **Jettenhöhle** in Hainholz bei Düna und die **Höhlenruine an der "Teufelsbrücke"** bei Obernitz/Saalfeld.

In einer romantischen Landschaft mit vielen Burgen und Höhlen, im Donautal zwischen Fridingen und Sigmaringen, liegt die **Burghöhle von Dietfurt**, ein wichtiger vorgeschichtlicher Fundplatz.

"Die schlafende Frau" im Hollersbachtal im Oberpinzgau (Österreich).

Höllenorte

Aus dem germanischen Wort HEL ("die Bergende, Schützende") wurde später die Totengöttin Hel. Im Laufe der Zeit entstand dann unser heutiges Wort "Hölle". Dies ist eines von vielen Beispielen dafür, dass sich aus einer ursprünglichen Götterbenennung später im Zuge der Christianisierung ein Wort mit negativer Bedeutung entwickelt hat. Bei **Pögstall** in Niederösterreich gibt es tatsächlich "die Höll", das ist ein wilder Graben, der lange Zeit als unheimlicher und von Teufeln und bösen Hexen beherrschter Platz galt.

TEUFELSLÖCHER

Ein **Teufelsloch** ist meist in Kirchenmauern anzutreffen. Den Sagen nach handelt es sich um ein Loch, in dem der Teufel Unterschlupf gefunden hat, wenn er nicht mehr aus der verriegelten Kirche entkommen konnte. Es heißt, dass es unmöglich sei, dieses Loch zuzumauern. So soll es manchmal passiert sein, dass der Teufel es nicht schaffte, sich durch das Loch zu zwängen, und er versteinerte. Etliche Teufelsfigürchen erinnern daran.

Grotten

SAALFELDER FEENGROTTEN

Im Gebiet der **Saalfelder Feengrotten** gab es einst ein Alaunschiefer-Bergwerk. Dort wurde von 1530 bis 1850 Schiefer abgebaut und Alaun* (ein Salz aus Kalium- und Aluminiumsulfat) und Vitriol* (Schwefelsäure-Salz) hergestellt. Um 1910 wurde der Stollen des Bergwerks wieder entdeckt, und es offenbarte sich den Betrachtern ein wahrhaft unterirdisches Spektakel. Die Wunderkraft Wasser hatte eine bezaubernde Welt voller Farben und Formen erschaffen. Die Saalfelder Feengrotten fanden als "farbenreichste Schau-Grotten der Welt" Eingang in das Guiness-Buch der Rekorde. Das schmackhafte Mineralwasser "Gralsquelle" wird im Quellenhaus der Feengrotten abgefüllt.

*Man verwendet Alaun zum Gerben, als Beizmittel in der Färberei und zum Blutstillen. Vitriol wird bei der Unkrautmittelbekämpfung, zur Holzkonservierung und im Weinbau eingesetzt.

Info:

Saalfelder Feengrotten
Feengrottenweg 2
07318 Saalfeld
Tel.: 03671/5504-0
Fax: 03671/5504-40
E-Mail: info@feengrotten.de
Internet: www.feengrotten.de

Stollen

STOLLEN NORDENAU

Ist hier der mysteriöse "Messias" am Werk?

Bei meinen Reisen zu magischen Orten fahre ich am liebsten mit der Bahn. Das gibt mir die Zeit, mit den Augen in der Landschaft zu wandern, wunderbare Plätze zu entdecken und zu genießen. Und es hat natürlich den Vorteil, dass ich Eindrücke sofort festhalten und in Ruhe darüber schreiben kann.

Reise zum "Deutschen" Lourdes

Mit dem Sauerland-Express geht es von Dortmund nach Winterberg, durchs wunderhübsche bergige Hochsauerland. Schmucke Fachwerkhäuschen grüßen. Hier und da schlängelt sich ein liebliches Bächlein dahin. Die Tür zum Raucherabteil steht offen. Zigarrengeruch zieht herein. Weniger idyllisch. Ich wechsle das Abteil. In Schmallenberg steige ich aus und nehme den nächsten Bus nach **Nordenau**. Die Atmosphäre im Nordenauer Tälchen ist freundlich, die Stimmung ein bisschen steif, aber alles in allem wohltuend und gemütlich. Der österreichische Zimmerdiener nimmt mir mein spärliches Reisegepäck ab (was mir etwas peinlich ist) und zeigt mir meine Unterkunft. Um mich frisch zu machen, nehme ich eine Dusche. Augenblicklich spüre ich die besonders angenehme Weichheit des Wassers. Dann führt mich mein Weg ins Schwimmbad, von dem ich noch nicht weiß, dass es reines Stollenwasser enthält. Und auch dort bemerke ich die besondere Beschaffenheit des Wassers. So muss es sich anfühlen, auf Engelsfedern zu schwimmen. Im Schwimmbad lerne ich eine japanische Reise-Managerin kennen. Sie kam extra aus Japan angereist und schwärmt vom Stollenwasser und dessen heilsamen Kräften.

Am nächsten Tag besuche ich den Stollen. Jede halbe Stunde ist dort eine Begehung. Wir warten eine Weile im eigens dafür gebauten Pavillon. Die Stimmung ist geheimnisvoll. Und dann geleitet uns der Stollenführer in die Tiefe der Nordenauer Höhle. Es tropft und plätschert an allen Ecken und Enden. Der Stollenführer füllt zahlreiche Flaschen und Kanister mit Quellwasser ab. Mit kurzen Worten erklärt er die "Stollen-Ordnung" für die bevorstehende "Meditation". Danach herrscht Stille. Die meisten sitzen auf Plastikstühlen und meditieren, konzentrieren sich auf die Schieferwände, und das von oben herabtropfende Wasser. Ein kalter Tropfen platscht mir direkt aufs Dritte Auge. Was mich für kurze Zeit ernüchtert. Aber mit einem Mal vibriert mein ganzer Körper. Ich spüre schwache Impulse, wie leichte elektrische Stöße. Später befrage ich einige Stollenbesucher, die meine Empfindungen bestätigen. Ich höre von Linderungen und Heilungen jeglicher Art.

Nordenau, in der Nähe von Winterberg, im Hochsauerland gelegen, ist ein außergewöhnlicher Ort. Direkt am Hotel Tommes befindet sich der Schieferstollen **"Brandholz"**. Immer mehr Menschen strömen mittlerweile zu der sauerländischen Heilquelle. Manche sprechen von einem "Jungbrunnen" oder sogar vom "deutschen Lourdes". Viele Pilger erhoffen sich dort Linderung und Heilung ihrer körperlichen Beschwerden und Erkrankungen. Und ein Großteil erhält sie auch.

Dass es sich lediglich um Einbildung bzw. Autosuggestion der Menschen, die dort Heilung erfahren, handelt, kann nicht zutreffen, da auch schon zahlreiche Tiere geheilt wurden. Nach einer Studie von Professor Fritz-Albert Popp sollen sogar Algen durch das Nordenau-Wasser vitaler und gesünder werden. Das Wasser fließt rechtsdrehend, ein seltenes Phänomen, das aber auch bei anderen, ähnlich wirkenden Quellen vorkommt. Wie wissenschaftliche Untersuchungen des Fresenius-Instituts Wiesbaden und des Instituts für Gesundheit und Hygiene in Gelsenkirchen ergaben, ist das Nordenauer Wasser um 8% leichter als normales Wasser.

Nachdem mich Herr Tommes junior bezüglich genauerer Informationen an seinen Vater, und mich dieser wiederum zurück an seinen Sohn verweist, schnappe ich mir kurzerhand Herrn Tommes senior und interviewe ihn.

Magic Yan:

"Wie kam es zur Entdeckung der besonderen Kräfte des Stollens?"

Theo Tommes:

"Am 05.01.1992 war Alwin van Balkom, ein holländischer Gast, bei uns im Hotel. Da er seinen Wein unbedingt selbst aussuchen wollte, führte ich ihn in meinen Weinkeller. Dort sagte er mir, dass er besondere Energien im Keller spüre."

Magic Yan:

"Welche Verbindung gibt es zwischen Nordenau und dem 'Messias' Maitreya?"

Theo Tommes:

"Damit haben wir nix zu tun. Nachdem im Juli 1992 die ersten Presseberichte auftauchten, erhielten wir einen Anruf der Organisation SHARE INTERNATIONAL aus England, die mich interviewen wollte. Später hieß es dann, dass *Maitreya* bei seinem Aufenthalt in Düsseldorf von dort aus das Wasser des Nordenauer Stollens 'aufgeladen' hätte, was schon allein angesichts der Entfernung absurd ist."

Magic Yan:

"Welche wissenschaftlichen Erklärungen gibt es bezüglich der besonderen Beschaffenheit und Heilwirkung des Stollenwassers?"

Theo Tommes:

"Mehrere Untersuchungen haben die Heilwirkung des Wassers bestätigt. Mit Hilfe japanischer Wissenschaftler ist es gelungen, eine ernsthafte Theorie über die Heilkräfte des Stollens aufzustellen. Die Kraft des Quellwassers und seines positiven Energiefeldes hat eine hohe Wirkung auf die Gesundung und Regeneration der Menschen. Bei über 500 Besuchern des Stollens wurden Verbesserungen des gesundheitlichen Zustandes festgestellt. Bei dem Wasser des Stollens handelt es sich um so genanntes 'reduziertes Wasser'. Dieses Wasser ist durch seinen molekularen Aufbau so beschaffen, dass es freie Elektronen abgibt, welche Verbindungen mit 'freien Radikalen' im Körper eingehen und diese neutralisieren. Die Kräfte des Stollens und des Quellwassers besitzen eine anti-oxidative Eigenschaft und können die gesundheits- und zellzerstörende Wirkung der 'freien Radikalen' stoppen."

Magic Yan:

"Wie viele Besucher haben Sie zurzeit täglich in Nordenau?"

Theo Tommes:

"Mit Hotelgästen sind es zwischen 200 und 500 Besucher."

Magic Yan:

"Das ist eine erstaunliche Zahl. Haben Sie da nicht Bedenken, dass der 'Stollen-Tourismus' einen negativen Einfluss auf das Energiefeld dort haben könnte?"

Theo Tommes:

"Nein, im Gegenteil. Ich bin der Meinung, dass durch die Popularität die Energie nicht beeinträchtigt, sondern eher bereichert wird. Je mehr Menschen dorthin kommen, desto mehr Positivität gibt der Stollen ab."

Magic Yan:

"Vielen Dank für das aufschlussreiche Gespräch, Herr Tommes!"

Auf das Thema "Ley-Linien" angesprochen, bestätigte mir Herr Tommes noch, dass diese auch hier vermehrt auftreten. Als Beispiel nannte er die **St. Walburga-Kirche** in **Schmallenberg**, die ein ähnliches Energie-feld wie der Stollen aufzuweisen habe.

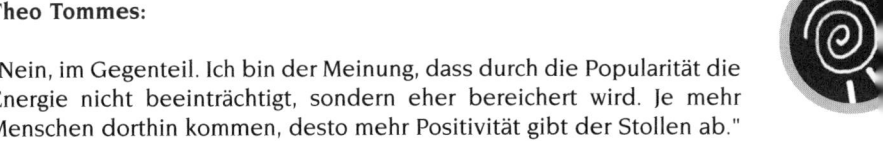

Besichtigung:

Der Stollen ist täglich und ganzjährig von 8.00 bis 18.30 Uhr durchgehend geöffnet. Jede halbe Stunde ist eine Führung möglich.

Info:

Land- und Kurhotel Tommes
Talweg 14
D-57392 Schmallenberg-Nordenau
Tel.: 02975/9622-0
Fax: 02975/9622-165
E-Mail: hoteltommes@t-online.de
Internet: www.stollen-nordenau.de

WALLFAHRTSORTE

MARIENERSCHEINUNGEN?

Alles, was mit Marienerscheinungen zu tun hat, betrachte ich persönlich relativ kritisch. Sicherlich sind in der Vergangenheit an manchen Orten immer wieder wundersame Dinge passiert. Aber nicht alles, was man darüber liest oder was berichtet wird, sollte man gleich glauben. Wir müssen bedenken, dass sich immer dort ein gewaltiges Energiefeld aufbaut, wo sich viele Menschen mit gleichen Gedanken, Träumen, Bildern, Hoffnungen und Wünschen versammeln. Sicher aber ist es ernst zu nehmen, wenn zahlreiche Menschen unabhängig voneinander die gleichen Erfahrungen machen.

Heilungen und der Placebo-Effekt

Gerade an Marienorten, die von vielen kranken Pilgern aufgesucht werden und an denen schon wirkliche Heilungen passiert sind, kann wie an anderen "Heilorten" das Phänomen des **"Placebo-Effektes"** auftreten. Mit **"Placebo"** ist ein Medikament oder ein Heilmittel gemeint, das keinen tatsächlichen Wirkstoff hat und allein durch den Glauben des Einnehmenden wirkt. So kann an diesen Orten, allein aufgrund der Tatsache, dass dort schon einmal Heilungen passiert sind, bei Menschen durch reine Suggestion eine Heilung erzielt werden.

Der bekannteste Marienort ist das französische **Lourdes** in Südfrankreich.

Lourdes

Inzwischen besuchen jährlich rund 4 Millionen Menschen den Wallfahrtsort Lourdes. Über 5000 Heilungen sind seit 1860 dokumentiert. 67 davon sind ärztlich anerkannt.

Weitere bekannte Orte mit "Marienerscheinungen":

La Salette (Westfrankreich)

Guadelupe (Mexiko)

Fatima (Portugal)

Die Geschichte der "Heiligen Bernadette"

Alles nimmt seinen Anfang im Jahr 1858. Der vierzehnjährigen *Bernadette Soubirous*, Tochter eines verarmten Müllers aus Lourdes in den französischen Pyrenäen, soll an der **Grotte von Massabielle** eine ganz in weiß gekleidete Frau erschienen sein. Noch ahnt sie nicht, dass es sich um Maria, die Mutter Jesu, handeln sollte. Das Mädchen teilt ihr Erlebnis zunächst dem Ortspfarrer mit, der ihr jedoch nicht sofort glauben will. Für Bernadette folgt eine ruhelose Zeit der Verhöre durch staatliche und kirchliche Kommissionen. *Bernadette* wird von der Erscheinenden gebeten, täglich zur Grotte zu kommen. Im Laufe der Zeit hat sie noch siebzehn weitere Erscheinungen. Zwischenzeitlich wird die Grotte gesperrt. Erst später setzt sich die *Kaiserin Eugenie* bei *Napoleon* für die Wiedereröffnung der Grotte ein. Ihr eigener Sohn hatte durch die Kräuter an der Grotte und das Quellwasser Heilung erfahren. Durch den *Bischof von Tarbes* kommt dann drei Jahre später die Anerkennung der Marienerscheinungen. *Bernadette* muss 1860 vor dem Wirbel um ihre Person in das Krankenhaus von Lourdes flüchten. Sechs Jahre später tritt sie in den dortigen Orden ein und betätigt sich als Krankenschwester. *Bernadettes* Leichnam war bei der Öffnung ihres Sarges 30 Jahre nach ihrem Tod unversehrt und unverwest, was, wie man später festgestellt hat, aber darauf zurückzuführen ist, dass die Leiche einbalsamiert wurde.

Medjugore (Jugoslawien)

Heroldsbach (Forchheim/Deutschland)

Marpingen (Saarland/Deutschland)

Sorry, ich persönlich hab bei meinem Besuch in **Marpingen** nicht viel gespürt. Außer einer mit vielen Zettelchen rührend tapezierten Kapelle, worauf von Pilgern verfasste Bitten, Gebete und Danksagungen geschrieben standen, hat mich eigentlich nichts an diesem Ort sonderlich bewegt. Vielleicht wird dies in Lourdes ganz anders sein ...

Umfangreiche Informationen zum Thema **Marienerscheinungen** gibt es auf den Internetseiten von www.marienerscheinungen.net

FLÜSSE UND SEEN

Der **Fluss** steht sinnbildlich für den Lauf des Lebens. Dabei symbolisiert die Quelle die Geburt des Menschen und die Mündung ins Meer den Tod. Die Buddhisten sagen: **"Willst du Erleuchtung erlangen, kehre zur Quelle des Flusses zurück"**. Flüsse werden oft als "heilig" bezeichnet, manche galten und gelten auch als Gottheiten.

DER GANGES

Heiliger Fluss und Lebensader Indiens

Der Ganges entspringt im Himalaya, in über 4200 Metern Höhe. Auf seiner Reise durch unterschiedliche Landschaften Indiens, über Berge und Täler, legt er etwa 2500 km (!) zurück und mündet schließlich in den Golf von Bengalen. Die Hindus sehen in ihm eine Personifikation der Göttin *Ganga*. Nachdem König *Bhagiratha* sie im Himalaya über viele Jahre hinweg verehrt und angebetet hatte, soll sie auf die Erde herabgestiegen sein. Aus diesem Anlass feiern die Inder am Anfang der Monsunzeit, jedes Jahr im Juni, ein Fest.

YELLOWSTONE RIVER

Siehe Yellowstone Park (S. 68)

Flüsse in Europa und ihr mystischer Ursprung

Viele europäische Flüsse und auch Ortschaften enthalten das keltische Wort **isa**, welches das älteste indoeuropäische Wort für "Wasser" ist. Nachfolgend einige interessante Beispiele.

Österreich:
Vils = kelt. **filisa**
Enns = kelt. **enisa**
Ilz = kelt. **ilzisa**

Frankreich:
Isére (Nebenfluss der Rhône)

Tschechien:
Iser oder **Jizera** (Nebenfluss der Elbe in Böhmen)

Bulgarien:
Isker oder **Iskar** (Nebenfluss der Donau)

DER RHEIN

"Vater" **Rhein** ist mit einer Länge von 1320 km der größte Fluss Deutschlands und einer der größten Flüsse Europas. Er entspringt in der Schweiz als Vorder- und Hinterrhein, fließt durch den Bodensee, bildet den Rheinfall, durchströmt als Ober-, Mittel- und Niederrhein Deutschland und mündet in Holland schließlich in mehreren Armen ins Meer. Die Sagen und Geschichten über den Rhein sind zahlreich. Da ist von Rheindrachen die Rede, von Nymphen, Jungfrauen und anderen Wesen.

RHEIN IN FLAMMEN

Ein Spektakel ganz besonderer Art ist das Fest "Rhein in Flammen". Zwischen Linz und Bonn findet alljährlich eine Rheinufer-Groß-beleuchtung statt, und der "Rhein steht in Flammen". Tausende rot leuchtende **Bengalfeuer** tauchen an diesem Abend die Häuser und Uferpromenaden der Rheinortschaften in festliches Licht. Dutzende von beflaggten und beleuchteten Fahrgastschiffen fahren den Rhein stromabwärts auf einer 26 km langen Strecke. Überall wird fröhlich rheinisch gefeiert, getanzt und gesungen. In der Bonner Rheinaue gibt es zum Abschluss dann ein großes Feuerwerk.

Nähere Infos und Termine gibt es unter:
www.rhein-in-flammen.com

DIE DONAU

Die **Donau** ist mit 2850 km der zweitlängste Fluss Europas und legt eine beneidenswert schöne Strecke durch acht Länder zurück (Deutschland, Österreich, Slowakei, Ungarn, Kroatien, Serbien, Rumänien und Bulgarien), bis sie mit mehreren Armen ins Schwarze Meer mündet. Die Donau hat eine große Bedeutung für die Schifffahrt und ist durch den Rhein-Main-Donau-Großschifffahrtsweg mit dem Rhein verbunden. Diese "Binnenwasserstraße" ermöglicht somit den Schiffsverkehr von der Nordsee bis zum Schwarzen Meer. Der Name "Donau" ist mit der keltischen Muttergottheit *Dana* bzw. *Danu* verbunden.

DIE ISAR

Die **Isar** ist der rechte Nebenfluss der Donau und 295 Kilometer lang. Sie entspringt im Karwendelgebirge in Tirol und mündet bei Deggendorf in Bayern in die Donau. Der Name kommt von dem eben erwähnten keltischen Wort isa. Gleichzeitig ist *Isa* die Göttin der Donau. Isar kann man somit als "heiliges Wasser" übersetzen.

DER NECKAR

Der Neckar, 367 km lang, ist ein Nebenfluss des Rheins und entspringt im Schwarzwald. Er erhielt seinen Namen von *Neck*, einem norddeutschen Wassergott (Mehrzahl: Necker).

Seen

In vielen Mythen steht der **See** als Sinnbild für Tiefe, weibliche Magie und Tod. In der **Artuslegende** ist von einer "Frau vom See" die Rede. Sie war die Geliebte *Merlins* und die Überbringerin des Artusschwertes.

DER BODENSEE

Er ist der größte und tiefste See Deutschlands (571,5 km^2). Der **Bodensee**, auch "Schwäbisches Meer" genannt, ist ein wichtiges Trinkwasser-Reservoir. Seine Inseln heißen **Reichenau** und **Mainau** (siehe auch Kapitel INSELN).

DER CHIEMSEE

Der **Chiemsee** ist der größte See Bayerns (80 km^2). Im Nordwesten des Chiemsees liegen drei Inseln: Herrenwörth, Frauenwörth und die Krautinsel. Auf Frauenwörth ließen sich schon Steinzeitmenschen, Kelten und Römer nieder.

DER BIELER SEE

Im Schweizer Kanton Bern, in der Nähe der teilweise mittelalterlichen Stadt Biel, liegt der **Bieler See**. Er wird laut *Marco Pogacnik* gleich von drei Ley-Kraftlinien durchstreift und nimmt somit als Seengewässer eine besondere Stellung ein.

DAS MEER

Im Meer liegt der Ursprung allen Lebens verborgen. Es beherbergt magische Kräfte, Schätze und Geheimnisse. Die drei Weltmeere Atlantischer, Indischer und Pazifischer Ozean bedecken zusammengenommen 71% der Erdoberfläche (das sind 362 Millionen Quadratkilometer!). Schau mal auf einer Karte nach, wo sich diese Weltmeere befinden!

In den nordischen Mythen verkörperten die Ozeane das Blut des Riesen Y*mir*.

> **Ebbe und Flut sind das Ein- und Ausatmen des Meeres.**

Eine eindrucksvolle, unbedingt hörenswerte Musik zu diesem Thema hat der englische Komponist B*enjamin* B*ritten* komponiert: Die "**Sea interludes**" sind eine einzigartige Beschreibung der Meeresstimmungen.

DAS TOTE MEER

Ein wirklich (fast) totes Meer

Das **Tote Meer** ist eigentlich ein großer Salzsee. Es liegt mitten in der Wüste, an der israelisch-jordanischen Grenze, 400 Meter über dem Meeresspiegel. Sein Wasser ist extrem salzig, deshalb leben dort nur Bakterien und einige wenige Pflanzen. **Sodom** und **Gomorrha** sollen am südlichen Ufer des Sees gelegen haben. Am Toten Meer wurden arabische und hebräische Schriftrollen gefunden, die von manchen für die Schriften der Essener (jüdische Sekte zur Zeit J*esu*) gehalten werden. Das Tote Meer ist Salzgewinnungsort und Kurzentrum.

DAS SCHWARZE MEER

Ein Meer vor dem Kollaps?

Das **Schwarze Meer** ist ein Nebenmeer des Mittelmeers. Jahrtausendelang war es für sein gutes Klima, seine Artenvielfalt der Pflanzen und Tiere und seinen Fischreichtum bekannt und beliebt. Doch heute ist es eines der am schwersten mit Schadstoffen belasteten Meere der Welt und steht kurz vor einer Umweltkatastrophe. Über die Hälfte der europäischen Flüsse mündet hier hinein. Abfallstoffe aus 17 Ländern werden in das Schwarze Meer geleitet. Über 100 000 Tonnen Erdöl fließen jährlich bei Erdöltransporten auf der Donau ins Schwarze Meer. Die Fischbestände gingen durch Umweltverschmutzung und Überfischung fast auf null zurück.

Ein Lichtblick für die ökologische Zukunft des Meeres ist die Arbeit der Umweltorganisation EROS, die sich für das Überleben des Meeres einsetzt. Wollen wir hoffen, dass sich dieses einstmals zauberhafte Meer bald wieder erholt.

Die Zaubermöwen von Samothraki

Magie hat die Eigenschaft, sich urplötzlich zu ereignen. Dinge passieren, die wir nie erwartet hätten und deren Hintergründe wir vielleicht nie ergründen können. Das ist für mich dann **Natur-Magie**, die purste Art von Magie.

Etwas derart Unglaubliches ist mir Anfang der 80er Jahre mit meiner Freundin *Rose* auf einer griechischen Insel passiert. Was macht man als Student, wenn man in den Ferien nach Griechenland trampen, nicht viel Geld ausgeben und irgendwo fernab der großen Touristenströme noch einsame Strände finden möchte? Ganz einfach: Man fragt einen Griechen um Rat. Als ich mir in einer Buchhandlung ein Griechisch-Wörterbuch besorgte, traf ich am Bücherregal "zufällig" einen freundlichen, hilfsbereiten Griechen. Auf besagte Frage hin antwortete er mir ganz spontan: "Fahr nach **Samothraki**! Da machen die Griechen Urlaub. Eine wunderschöne, ziemlich natürlich gebliebene Insel. Da kannst du noch Einsamkeit finden."

Rose und ich standen dann schon bald mit Rucksäcken ausgerüstet und unseren Daumen im Wind an der Autobahnauffahrt. Nach wahrlich abenteuerlichen Trucker-Fahrten per Anhalter von München über Genua erreichten wir Alexandropolis, nahe der türkischen Grenze. Bereits während der Schiffsüberfahrt nach Samothraki spürten *Rose* und ich, wie sich unsere Haut vollkommen veränderte. Auf einmal fühlten sich Gesicht, Hände, Arme und Beine unglaublich weich und erholt an. Es war, als hätten uns die Götter eine neue Haut übergestülpt.

Auf **Samothraki** angekommen, waren wir ziemlich ausgehungert und müde. Und dann war die Enttäuschung groß, als weit und breit keine Kneipe und irgendetwas Essbares zu finden war. Irgendwie waren wir wohl am Ende der Welt gelandet. Allmählich wurde es dunkel. Wir beschlossen, am Strand zu schlafen und bauten dort unser Zelt auf, etwas leichtsinnig nah am Meer. Ich versprach *Rose*, uns am nächsten Tag mit meiner Harpune einige Fische zu schießen, ich Optimist! Eng umschlungen schliefen wir ein, wir verliebten Paradieskinder ... mit hungrigen Bäuchen, aber einer neuen Haut.

Am nächsten Morgen wollte ich losziehen, um mein Versprechen einzulösen und für uns Beute im Meer zu jagen. Doch ich traute meinen Augen nicht: Direkt vor uns schwemmte es eine große Zahl von kleinen Fischen an. Was hatte das zu bedeuten? Ich blickte aufs Meer hinaus. Eine Schar von Möwen kreiste dort. Abwechselnd schossen die Vögel ins Wasser, griffen sich einen Fisch, ließen ihn dann aber wieder fallen. "Schau mal Rose, das darf doch nicht wahr sein. Ich glaub, die Möwen servieren uns unser Frühstück!" Wir lasen die angeschwemmten Fische auf - es waren Sardinen - und ich machte ein Feuerchen. Und dann fingen die Möwen ihre eigenen Fische und begannen, auf einer nahe gelegenen Felsklippe, ihr Frühstück gleichzeitig mit uns einzunehmen.

INSELN

Inseln hatten schon immer eine besonders magische Anziehung auf die Menschen. Automatisch verbinden wir damit Begriffe wie Abenteuer, Schatzsuche, Mystik und Zauberkraft.

Auf seiner zehnjährigen Irrfahrt landete *Odysseus*, der König von Ithaka, immer wieder auf neuen, geheimnisvollen Inseln. Er begegnete der Zauberin *Circe*, die seine Gefährten in Schweine verwandelte und ihn zu ihrem Liebhaber machte. Der griechische Dichter *Homer* schildert uns in seiner **Odyssee** noch viele weitere spannende und wundersame Episoden.

DIE OSTERINSEL

Voller Geheimnisse und Rätsel steckt die **Osterinsel**, die östlichste Insel Polynesiens im Süd-Pazifik. An einem Ostersonntag im Jahr 1722 wurde sie von dem Niederländer J. *Roggeveen* entdeckt. Diese Vulkaninsel gehört seit 1888 zu Chile. Einfach phantastisch wirken die ca. 600(!) Skulpturen aus Tuffstein* mit ihren menschlichen Gesichtern. Die Schriften darauf konnten leider bislang kaum entziffert werden.

*Gestein aus verfestigter, vulkanischer Asche

SRI LANKA (CEYLON)

Wer ein absolutes Inselparadies erleben will, der sollte schon mal für einen Tripp nach **Sri Lanka** sparen. Der Inselstaat vor der Südspitze Indiens hat nämlich eine unglaubliche Naturschönheit zu bieten: Monsunwald, Regenwald, sowie eine traumhaft schöne Tier- und Pflanzenwelt.

BALEAREN UND KANAREN

Die Balearen und die kanarischen Inseln südlich des spanischen Festlandes sind allesamt faszinierend, und jede besitzt ihren eigenen Zauber.

Balearen

Auf der magischen "Disco"-Insel **Ibiza** herrscht die Göttin *Tanit*. Die einheimischen Ibizenker sagen, dass sie Paare für immer zusammen- aber auch für immer auseinander bringen kann. Die Insel hat eine ganz eigene feurige Stimmung und mystische Schwingungen. Auf Ibiza passieren immer wieder außergewöhnliche Dinge. Als ich dort lebte,

haben mir Freunde von angeblichen Begegnungen mit Außerirdischen berichtet. Wurde Ibiza einstmals von zahlreichen Völkern wie den Mauren oder Römern erobert und geplündert, so sind es heute, vor allem zur Hauptsaison, erlebnishungrige Touristen, die sich auf der Insel austoben.

Etwas braver geht es dagegen auf der Blumeninsel **Mallorca** und dem industrialisierteren **Menorca** zu. Die kleinste und ruhigste Insel **Formentera** gefiel mir persönlich am besten. Sie ist ein wahres Bade- und Taucherparadies.

Kanaren

Teneriffa, die "Insel des ewigen Frühlings", ist die größte Insel der Kanaren und meine persönliche Lieblingsinsel. Das Klima Teneriffas gilt als eines der gesündesten weltweit. Auf **Fuerteventura** ist es extrem trocken. Wer es vulkanisch liebt, sollte sich für **Lanzarote** entscheiden. Etwas abseits, landschaftlich jedoch paradiesisch, liegen die beiden Inselzwerge **La Gomera** und **El Hierro.**
Natürlich könnte ich jetzt fortfahren mit der Beschreibung weiterer Zauberinseln: **Madeira, Korsika, griechische** und **karibische Inseln, Seychellen, Hawaii, Haiti, Samoa** und und … Aber das würde den Rahmen dieses Buches völlig sprengen.

DIE INSEL MAINAU

Märchenhafte Blumeninsel

Sie ist der Juwel unter den Inseln Deutschlands. **Mainau** befindet sich im Besitz des schwedischen Königshauses, und die Prinzenfamilie wohnt im Schloss auf der Insel. Ihr ist der weithin berühmte Garten mit Millionen von Blumenarten, subtropischen Pflanzen, Palmen und Orangen zu verdanken. Keltenforscher vermuten auf der Insel Mainau eine einstmalige Druidenausbildungsstätte.

DIE INSEL RÜGEN

Größte deutsche Insel

Die **Ostsee-Insel Rügen** ist mit ca. 950 km^2 Fläche und über 500 km Küstenlänge die größte deutsche Insel. Viele Seen und Buchten, Wälder und unberührte Natur machen sie zu einem reizvollen Ausflugs- und Urlaubsort.

VON HEILIGEN BÄUMEN, HAINEN UND WÄLDERN

> "Bäume sind Heiligtümer. Wer mit ihnen zu sprechen, wer ihnen
> zuzuhören weiß, der erfährt die Wahrheit. Sie predigen nicht Lehren
> und Rezepte, sie predigen, um das Einzelne unbekümmert, das Urgesetz
> des Lebens ...
>
> ... Wenn wir traurig sind und das Leben nicht mehr gut ertragen
> können, dann kann ein Baum zu uns sprechen: Sei still! Sei still! Sieh
> mich an! Leben ist nicht leicht, Leben ist nicht schwer. Das sind
> Kindergedanken. Lass Gott in dir reden, so schweigen sie. Du bangst,
> weil dich dein Weg von der Mutter und Heimat wegführt. Aber jeder
> Schritt und Tag führt dich neu der Mutter entgegen. Heimat ist nicht
> da und dort. Heimat ist in dir innen, oder nirgends."
>
> Hermann Hesse (Bäume)

Bäume als Heiligtümer

Bäume galten und gelten als Heiligtümer und Wohnsitze der Seelen und
Heimstätten der Götter. Es war früher Sitte, Tote mit einem Baumsamen
zu beerdigen; dieser sollte der Seele des Verstorbenen Wachstum und
neues Leben bescheren. Heute noch ist es Brauch, zu gewissen
Anlässen wie Geburt, Hochzeit, Einzug usw. einen Baum zu pflanzen.

YGGDRASIL

Der Baum des Lebens

Yggdrasil, das ist in der nordischen Mythologie der Weltenbaum bzw.
die Weltenesche, ein Sinnbild für Raum und Zeit.

Unsere einheimischen Bäume

AHORN – Er galt als Kraftbaum gegen Hexenzauber, Dämonen und
Blitzschlag. Zum Schutz dagegen wurden Ahornzweige in Haus und Hof
aufgehängt.

APFEL – Der Apfelbaum gilt als Symbol der Liebe, Erotik und Frucht-barkeit. Seine Frucht lässt sich gut für Liebesrituale verwenden.
"An apple a day keeps the doctor away." (Täglich ein Apfel und du brauchst keinen Arzt) lautet das alte englische Sprichwort. Bei den Kelten und Germanen standen Apfel und Apfelbaum hoch im Kurs. Der Baum galt als Schutzbaum gegen Blitze und die Frucht als Quell ewiger Jugend.

BIRKE – Sie ist der Baum des Frühlings, der Fruchtbarkeit und Weisheit. Die Rune **berka** ist ihr zugeordnet. Die Birke ist ein dem Gott Thor geweihter Kultbaum der Hexen. Laut Volksmund sollen aus ihr auch die Hexenbesen für den Ritt zum Blocksberg gemacht worden sein. Birken werden bis heute traditionell für Maibäume und zur Herstellung von Wiegen genommen.

BUCHE – Sie soll vor einem herauf-ziehenden Gewitter schützen. Im Volksmund heißt es: "Vor Eichen sollst du weichen, Buchen sollst du suchen." Für die Ureinwoh-ner Europas waren die Früchte der Buche, die Buchecker, ein wichtiges Nahrungsmittel. Buchenholz wird auch zur Herstellung von Runenstäben genommen.

EBERESCHE – Sie ist ein heiliger Baum der Kelten. Für sie besaß die Eberesche die Kraft, vor Unheil und bösem Zauber zu schützen. Der "Hexen- oder Drachenbaum" schützt vor Drachen und Ungeheuern. Aus dem Holz werden Zauberstäbe angefertigt, und die Ruten werden zur Metallsuche eingesetzt.

EIBE – "Vor Eiben kann kein Zauber bleiben." Eiben schützen auf Friedhöfen vor bösen Geistern. Es heißt, eine Eibe zu fällen, bringe Unglück. Aber eigentlich kann das bei jedem Baum, den man fällt, passieren, vor allem, wenn es keinen triftigen Grund dafür gibt und man sich bei ihm nicht entschuldigt.

EICHE – Sie wird bei vielen Völkern als heiliger Baum verehrt. Bei den Germanen war sie Gerichts- und Heiratsbaum und dem Gott Thor geweiht. Kinderlose Paare umarmten die Eiche und baten um Fruchtbarkeit.

ERLE – Sie war den Menschen immer schon etwas unheimlich. Wenn Erlenholz abgeschlagen wird, läuft aus der Schnittstelle blutrotes Harz. Er ist der Baum der Wasser- und Sumpfgeister, der Nebel- und Erlenfrauen, der Hexen und Erlkönige, welche die Menschen in Angst und Schrecken versetzt haben.

ESCHE – Als "Yggdrasil" stellt sie den Weltenbaum der nordischen Mythologie dar. Aus ihrem Holz fertigt man Waffengriffe, Zaunpfähle und Spiralstäbe für Zauberer.

HASELNUSS – Die Zweige schützen vor Behexung, Schlangen und Blitzschlag. Heute noch werden aus ihnen Wünschelruten hergestellt, um Quellen, Wasseradern oder verborgene Schätze ausfindig zu machen. Der Haselnussbaum ist auch ein Symbol der Fruchtbarkeit und seine Früchte, die Nüsse, werden für Liebesorakel verwendet.

HOLUNDER – Der Holunder, eigentlich ein Busch bzw. Strauch, war den Germanen heilig und der Hausgöttin *Frau Holle* geweiht. Man glaubte, dass *Frau Holle* oder die Göttin *Freya* in den Blüten wohne. Der Holunder ist ein vielseitiges Heil- und Nährmittel.

KIRSCHE – Es heißt, dass in Kirschbäumen viele Baumgeister wohnen und sich tanzende Feen und Elfen darunter versammeln. Bis heute gibt es den Brauch, zum Barbaratag am 4. Dezember Kirschzweige zu schneiden.

LINDE – Die Germanen verehrten neben den Eichen auch die Linden als heilige Bäume. Als "Baum der Liebe" war er der germanischen Liebesgöttin *Freya* gewidmet. Oftmals stand die Linde in der Dorfmitte, wo Gerichts-, so genannte **"Thing"**-Versammlungen abgehalten wurden. Später "verwandelten" die Christen die Freya-Linden in Marien-Linden.

LORBEER – Lorbeer ist der Baum der Prophetie. Schon die griechische Priesterin *Phytia* kaute Lorbeerblätter, um prophetische Fähigkeiten zu wecken. Die Lorbeerzweige, über Eingängen und Türen aufgehängt, vertreiben Gespenster und böse Geister.

WACHOLDER – Der intensive Duft des Wacholderbusches soll ungute Geister abwehren. In der Walpurgisnacht wird er zum Schutz vor Hexen zu Räucherungen (Häuser, Ställe etc.) eingesetzt. Müden Wanderern, die sich eine Weile unter einem Wacholderstrauch ausruhen, gibt er neue Energie.

WALNUSS – Der Walnussbaum ist ebenfalls ein Abwehrmittel gegen böse Hexen, Geister und Blitze. Deshalb wird er gerne um Haus und Hof gepflanzt.

WEIDE – Die Weide ist ein beliebter Hexentreffpunkt. Hexenbesen werden gerne aus Weidenholz angefertigt. Dieser Baum wächst oft in Moor- und Sumpflandschaften. Er soll daher Elfen, Feen und Wassergeister beherbergen. Bei den alten Griechen war die Weide der Wohnsitz der Göttinnen *Demeter* und ihrer Tochter *Persephone*. Die Kelten feierten zur Weidenblüte ein Fest der Wiedergeburt der Natur.

BAUMREKORDE

Rate mal, wie alt der älteste und wie hoch der höchste Baum der Welt ist ...

Phänomenal: Der weltweit älteste Baum der Welt ist satte **12 000** (!) Jahre alt, steht in Kalifornien (USA) und ist ein **Mammutbaum**.

Der höchste Baum der Welt ist ebenfalls ein Mammutbaum, er ist 112 m hoch und auch in Kalifornien beheimatet.

Der älteste Baum Deutschlands ist eine 2000 bis 4000 Jahre alte **Eibe**. Sie hat ihre Wurzeln im Allgäu.

ÜBUNG

Besuche regelmäßig verschiedene Bäume und erfühle ihre Ausstrahlung, ihre Energie. Mache das "Mein Freund der Baum"-Ritual (siehe **Das Buch der magischen Rituale**, S. 103).

Ritual:

Meditiere an einem Baum, dessen Äste nach unten wachsen.
Atme bei der ersten Zeile ein, bei der zweiten aus und sprich leise
innerlich:

"Ich fühle Deine Hand;   (einatmen)
sie segnet mich."   (ausatmen)

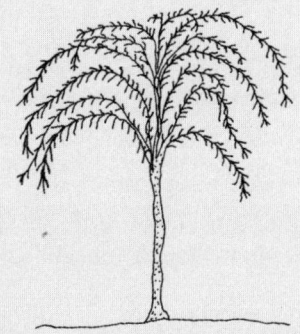

Meditiere an einem Baum, dessen Äste nach oben wachsen und
sprich leise innerlich:

"Du betest für mich   (einatmen)
mit erhobenen Händen."   (ausatmen)

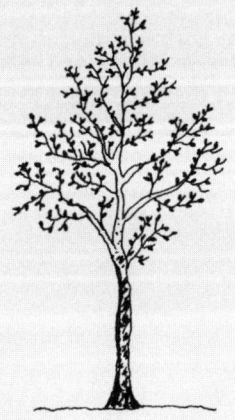

Nicht immer war unser Wald so romantisch wie heute und vor allem nicht so begehbar. Die römischen Schriftsteller *Tacitus* und *Cicero* berichten uns von einem menschenfeindlichen, unwirtlichen und schaurigen Urwald, der voller Gefahren war: Wilde Tiere, eine Unmenge von Stechmücken und komische Insekten jeglicher Art waren dort zu finden. Die Kelten nannten ihren Wald "**ceto**" oder "**cotia**", was so viel wie "Wildnis" bedeutet.

Der Regenwald

Mehr als ein Wald voller Bäume

Vor über 100 Millionen Jahren entstand der tropische **Regenwald**. Er beherbergt eine unvorstellbare Artenvielfalt an Pflanzen und Tieren. Eine traurige Geschichte ist die leider stetig voranschreitende Abholzung des Regenwaldes. Über die Hälfte des ursprünglichen Waldes auf unserer Erde ist nicht mehr vorhanden. Der größte Teil wurde in den letzten drei Jahrzehnten zerstört. Gab es vor 40 Jahren noch etwa 16 Millionen, so sind bis heute nur noch etwa 7 Millionen Quadratkilometer übrig geblieben. Das Amazonasgebiet ist der größte und älteste tropische Regenwald unseres Planeten und gleichzeitig der größte Sauerstoffproduzent der Erde.

GÄRTEN UND PARKS

DER YELLOWSTONE-PARK

Ein Naturschauspiel im Nationalpark

Auf 2000 bis 3000 Metern Höhe, im Nordwesten des Staates Wyoming (USA), liegt der erste und älteste Nationalpark der Welt. Er gilt als Heiligtum und schönster Park überhaupt. Über vulkanischem Boden, umringt von Geysiren und brodelnden Schwefel- und Thermalquellen, in zauberhafter, fast unberührter Natur, fließt der **Yellowstone River** (1080 km lang) mit seinen zahlreichen Wasserfällen. Er ist der rechte Nebenfluss des **Missouri** und gehört zum Weltkulturerbe.

DIE SCHAUERGÄRTEN VON BOMARZO

Ein "Gruselkabinett der Renaissance"

Einen Park ganz anderer, eher sonderbarer Art gibt es bei **Bomarzo**, 24 Kilometer nordöstlich von **Viterbo** in Mittelitalien zu sehen. Die "Gärten des Parco dei Mostri" wurden von *Vicino* **Orsini**, dem Fürsten von Bomarzo, zwischen 1552 und seinem Tod im Jahre 1584 zum Gedächtnis an seine früh verstorbene Frau angelegt. In diesem "heiligen Wald", wie ihn die Italiener auch nennen, sollen Götter und Naturgeister wohnen. In einer Mischung aus antiken und fernöstlichen Kulturen finden sich darin wundersame Bauwerke und Plastiken mit verschiedenen Schriftzeichen. Einige Figuren erinnern an Protagonisten aus dem Epos "Der rasende Roland" von *Ariost*. Diese Gärten zeigen, zu welch eigenständigem Denken und Ausdruck die Künstler der Renaissance trotz der kirchlichen Macht doch imstande waren.

ZEN-GÄRTEN

Der Zen-Buddhismus ist eine chinesische bzw. japanische Richtung des Buddhismus, der von dem indischen Mönch *Bodhidharma* ins Leben gerufen wurde. Zen-Gärten sind Plätze der Stille und Ausdruck inneren Friedens in der buddhistischen Religion. In der Altstadt von **Saarbrücken**, zentral gelegen, befindet sich ein sehr schöner Zen-Garten zum Entspannen und Genießen.

SCHLOSSPARK TÜRNICH BEI KERPEN

Ein gutes Beispiel für die praktische Umsetzung der Geomantie gibt der **Schlosspark Türnich** bei **Kerpen** ab. Der Künstler und Geomant *Marco Pogacnik* wurde von dem dortigen Besitzer, dem *Grafen von und zu*

Hoensbroech gebeten, im Schlosspark Türnich eine Landschaftsheilung durchzuführen. *Pogacnik* arbeitete drei Jahre lang an diesem Projekt.

Das "Paradies" -
unser mega-magischer Liebesort

Nach dem frühen Tod meiner Mutter im Jahre 1971 heiratete mein Vater – nach einem obligatorischen Trauerjahr – wieder. Wir zogen in das hübsche schwäbische Städtchen **Dillingen an der Donau**. Dort besuchte ich das *Anton-Michael-Sailer*-Gymnasium. Meine Karriere an dieser altsprachlichen Schule, die ich gegen meinen Willen besuchen musste, war jedoch von kurzer Dauer. Denn Lehrer in den Fächern Deutsch, Latein und Geschichte verleideten mir den ganzen Spaß am Unterricht. So richtete sich mein Interesse mehr auf das Gitarre-spielen, Songs komponieren und natürlich auf die hübschen, süßen Donau-Mädels. Und die konnte man bei den (von manchen Eltern verbotenen) Meetings in den **Donau-Auen** finden ... In herrlicher Lage und an einen Wiesenhang gebaut, befand sich eine Kneipp-Anlage. Sie bestand aus einem frei zugänglichen Wassertretbecken und einem Häuschen, besser gesagt einer überdachten Holzbank. Diese Anlage war nach Pfarrer *Sebastian Kneipp* benannt. Er ist der Erfinder der Wasserkuren und wurde durch seine wirkungsvollen Therapien als "Wasserdoktor" bekannt. Seine Methoden fanden große Verbrei-tung, und es bildeten sich Kneipp-Vereine, die entsprechende An-lagen bauten. Zum Leidwesen vieler Erwachsener war "unsere" Kneipp-Anlage fast immer von Jugendlichen belagert. Für uns hatte dieser Ort natürlich einen überwiegend romantischen Aspekt. Am allerschönsten war es abends oder nachts und dazu noch bei Vollmond. Wenn ich an manche Rendezvous dort zurückdenke, kriege ich heute noch eine dicke Gänsehaut. Wenn "Kneipper" kamen und uns vertreiben wollten, taten wir so, als ob wir auch kneippen wollten und drehten mit hochgekrempelten Hosen und hochgehaltenen Röcken demonstrativ einige Runden im Becken. Aber noch weitaus interessanter und voller Abenteuer war der große, an die Kneipp-Anlage angrenzende, total verwilderte Garten. Wir nannten ihn **"Paradies"**. Und was das für ein Paradies war! Da gab es jede Menge Obstbäume, Haselnussbäume, seltene Pflanzen und Vögel, einen Bach und ... eine Liebes-Hütte. Und dann malten wir uns aus, dass es hier auch Schlangen geben müsste, wie zu Adams und Evas Zeiten! Einer der Apfelbäume war etwas ganz Besonderes. Er wuchs direkt an dem Bächlein, das sich durchs "Paradies" schlängelte. Wir nannten seine Früchte "Himbeer-Äpfel". Sie schmeckten paradiesisch köstlich. Wer von diesen Früchten aß, der war reif für die **"Hütte"**, unseren magischen Liebes-Ort. Und dort habe ich meine ersten Liebeserfahrungen gemacht ... mit einem süßen Donau-Mädel ...

STEINE UND STEINBAUTEN

Steine

Steine haben für viele Völker eine große Bedeutung und besitzen magische Symbolkraft und Wirkung. Sie spielten immer schon eine wesentliche Rolle als Markierungszeichen, Wegmarken und Kultstätten. Steinhaufen wurden "Hermen" genannt (von griechisch **hermaion**). Der Gott *Hermes* erhielt dadurch seinen Namen. Noch heute finden wir in manchen Gebirgsgegenden kultische Steinhaufen, und dort ist es Brauch, einen Stein hinzuzulegen.

Schon vor mehr als 800 Jahren beschrieb die christliche Mystikerin und Seherin *Hildegard von Bingen* die Wirkungen von **Edelsteinen**. Sie besitzen die Eigenschaft, Energie zu speichern, zu bündeln und zu übertragen. Auch Edelsteine eignen sich gut für Rituale an magischen Orten.

Megalithen und Menhire

Megalith ist ein aus dem Griechischen kommendes Wort für "großer Stein". Einen aufrecht stehenden Einzelstein, meist 5 bis 20 m hoch, nennt man **Menhir**. Das Wort kommt von dem bretonischen Wort **ar-men-hir** = langer Stein. Die meisten Steinreihen und Menhire stammen aus der Bronzezeit bzw. Megalithkultur. Beim Erbauen dieser Steinbauten spielte die Stellung der Sterne eine große Rolle.

Das Hauptverbreitungsgebiet der Menhire ist Westeuropa, die Bretagne, West- und Mitteldeutschland. Im Nordwesten Frankreichs, in der Bretagne, befinden sich besonders viele Megalithbauten unterschiedlicher Bauweise: Aufrecht stehende Steine (Menhire), Hünengräber und die faszinierenden Steinalleen von **Carnac**.

Gerade bei Menhiren stehen die Archäologen vor dem Problem, deren Alter nicht exakt bestimmen zu können. Der Grund ist, dass die so genannte **Radiokarbon**- bzw. **C14-Bestimmungsmethode** zur Erforschung des Alters nur bei einst lebenden Wesen funktioniert. Einige Gräber, die man in der Nähe von Menhiren entdeckte, werden auf ein Alter von 4000 Jahren geschätzt. Man weiß heute, dass die Menhire Ausdruck kultisch-religiöser Traditionen waren, oft verbunden mit Toten- und Ahnenkult.

Die "Aku-Punkte" unseres Planeten

Menhire, Megalithgräber und Steinkreise sind die Denkmäler einer längst versunkenen Kultur und geben der Nachwelt oft viele Rätsel auf. Aber sie sind die **"Aku-Punkte"** unseres Planeten. Du kannst dir das so vorstellen: Bei der **Akupunktur**, der alten chinesischen Naturheilweise, werden Nadeln am menschlichen Körper gesetzt, um in ihm Blockaden aufzulösen und die Lebensenergie wieder zum Fließen zu bringen. Entsprechend bilden gezielt gesetzte Kultsteine und Steinbauten die Energiepunkte unseres globalen Lebenssystems.

Die alten Magier, Priester und Astronomen brauchten für das Messen der Gestirnläufe Fixpunkte in der Natur. So dienten ihnen Berggipfel, Steine, Felsen und andere Naturdenkmäler als Orientierungspunkte. Wo nichts Geeignetes vorhanden war, stellte man **Menhire** auf. Verschiedene kultische und astronomische Symbole wurden darauf eingeritzt oder eingemeißelt.

Obelisken

Ein **Obelisk** ist ein hoher, frei stehender, meist rechteckig zulaufender Steinpfeiler bzw. Monolith. Er wurde früher häufig in Ägypten und anderen arabischen Ländern errichtet. So finden wir zwei Obelisken in der jordanischen Stadt **Petra**. Sie war einst die Hauptstadt des Nabatäischen Königreiches (ca. 150 v. Ch. bis 150 n. Chr.). An diesen Obelisken wurde Sandstein abgebaut. Sie wurden zu religiösen Zwecken aufgestellt, die mit dem Fruchtbarkeitskult und der Verehrung ihrer Götter zusammenhingen.

Weitere sehenswerte Obelisken:

Obelisk aus Luxor in Paris, Place de la Concorde (Frankreich)

Der große Obelisk, südlich von Assuan (Ägypten)

GOLLENSTEIN

Eins, zwei, drei ... entzwei!

Der **Gollenstein** ist eines der ältesten Kulturdenkmäler Deutschlands und gilt mit seinen 7,6 Metern als größter Menhir Mitteleuropas. Er ist ein etwa 4000 Jahre alter, tonnenschwerer und fast sieben Meter hoher Menhir. Erst seit 1951 steht er wieder an seiner ursprünglichen Stelle im saarländischen **Blieskastel**. Zu Kriegsbeginn, im Jahr 1939, hatte man die Idee, den Koloss in eine strohgepolsterte Grube fallen zu lassen, um ihn vor den Angriffen der französischen Artillerie zu schützen. Doch der Plan scheiterte und der schöne, große Stein zerbrach in vier Teile. Wie an anderen heidnischen Kultstätten haben auch am Gollenstein wieder einmal die Christen ihre Spuren hinterlassen. So wurde von ihnen im unteren Drittel des Steins ein kleiner Altar eingemeißelt. Diese "christianisierende Kunstaktion" geschah erst im 19. Jahrhundert. Der Gollenstein ist ein beliebter Ausflugsort für Schulklassen. Wenn du nicht allzu weit weg davon wohnst, kannst du deinen Eltern oder deinen Lehrern einen solchen Ausflug mal vorschlagen. Das Verkehrsamt Blieskastel organisiert auch Gruppenführungen.

Info:

Verkehrsamt Blieskastel
Kardinal-Wendel-Straße 56
66440 Blieskastel
Tel.: 06842/52075
Fax: 06842/52076

Der Regenstein

Im kultreichen Harz, ca. einen Kilometer von Benzigerrode entfernt, steht ganz allein auf einem weiten Feld der **Menhir von Benzigerrode**. Man weiß nicht viel über ihn, vermutet jedoch, dass er schon vor der germanischen Besiedelung dort stand. Es heißt, dass er ein "Regenstein" ist, das heißt, man war der Ansicht, mit seiner Hilfe Regen machen zu können.

Weitere sehenswerte Menhire in Deutschland:

"Langer Stein von Tiengen" (5,5 m hoch) am Südrand des Schwarzwaldes

"Frauenbillenkreuz" (3,5 m hoch) in Rheinland-Pfalz

"Dölauer Jungfrau" bei Halle (früher 7,5 m, heute 5 m hoch)

"Spellenstein" vor St. Ingbert in Rentrisch (Kultstätte "Teufelsfels")

Dolmen

Dolmen (keltisch-bretonisch) = Steintisch bzw. Tischstein.
Es handelt sich um steinzeitliche Hünengräber, die überwiegend in Nordwesteuropa vorkommen. Mehrere Steine, die durch eine waagerechte Platte verbunden sind, bilden einen Raum. Jedoch dienten Dolmen nicht nur als Grabanlagen, sondern auch als Kulträume mit eingeritzten Symbolen, die einen Wiedergeburtsglauben der damaligen Menschen erkennen lassen.

Beispiele:

Ur-Dolmen von Lehmsiek (Schleswig-Holstein)
Ur-Dolmen von Rerik (Ostsee)

Felsen

Seit Urzeiten ist der Glaube überliefert, dass Geistwesen sonderbar geformte Steine und Felsen bewohnen. Besonders verbreitet ist er bei den nordamerikanischen Indianern. Manche Felsen werden auch selbst als Tiere, Menschen oder übernatürliche Wesen betrachtet.

DIE LORELEY

Die **Loreley** ist eine ehemalige keltische Fliehburg. Sie hieß einstmals "Lurleberg" (= Zwergenberg). In der Sage ist die Rede von einer schönen, die Männer magisch anziehenden Jungfrau, welche auf den Rheinfelsen verbannt worden ist. Es heißt, dass sie zahlreiche Schiffer betört hatte, die dadurch in die Tiefe der Fluten gerissen wurden. Auf dem Felsen steht heute eine steinerne Skulptur der Loreley.

Loreley-Lied
(Ich weiß nicht, was soll es bedeuten)
Text: Heinrich Heine, Melodie: Friedrich Silcher

HÜBICHENSTEIN

Heimat des Zwergenkönigs

Einer der "bewohnten" Felsen ist der **Hübichenstein** bei Bad Grund im Harzer Landkreis Osterode. Es handelt sich hierbei um den Überrest eines ehemaligen Korallenriffs aus der Devon-Zeit vor 400 Millionen Jahren. Auf dieser 50 Meter hohen Felsnadel sitzt ein bronzener Adler, der dem damaligen *Kaiser Wilhelm* I. gewidmet ist. Hausherr dieses Felsens jedoch ist der Zwergenkönig *Hübich*, um den sich zahlreiche Märchen und Legenden ranken. In ihnen heißt es, dass er ein gutherziger und hilfsbereiter Herrscher war, dessen Schloss tief unterhalb des Hübichensteins lag. Er soll die Zwergengestalt des Gottes *Wotan* sein und sich in alle möglichen anderen Gestalten verwandeln können.

Nachdem kaiserliche Truppen im Dreißigjährigen Krieg (aus Jux!) die Spitze des Hübichensteins abgeschossen hatten, wurde der Zwergenkönig nie mehr wieder gesehen (... sehr witzig, ... der Arme!).

Die silbernen Tannenzapfen

Es war einmal ein armer Bergmann, der lebte mit seiner Familie in der Nähe des Hübichensteins. Eines Tages wurde er sehr krank und konnte nicht mehr arbeiten. So machte sich die Frau auf, um im Wald Tannenzapfen zu suchen. Diese wollte sie nämlich gegen Brot beim Bäcker eintauschen. Doch so sehr sie auch suchte, sie fand keinen einzigen Tannenzapfen. Da traf sie ein altes kleines Männlein, wusste jedoch nicht, dass es der Zwergenkönig war. Diesem klagte sie ihr Leid. "Mal seh'n, mal seh'n", sagte Hübich, zwinkerte mit einem Auge und war verschwunden. Auf einmal prasselte es jede Menge Tannenzapfen von oben. Die Bergmannsfrau sammelte den Korb voll und konnte ihn kaum tragen, so schwer war er. Da erschien plötzlich der Zwergenkönig wieder und sprach: "Bring den Korb nach Hause, aber gib auf deinem Heimweg auch anderen Bedürftigen davon ab." Die Frau befolgte dies, und als sie zu Hause ankam, staunte sie nicht schlecht: Die Tannenzapfen im Korb waren aus reinem Silber! Die Freude in der Familie war riesengroß, und der Bergmann wurde wieder gesund.

Wer den Hübichenstein besucht, sollte unbedingt auch die nahe gelegene, märchenhafte Welt der **Tropfsteinhöhlen** von **Iberg** besichtigen.

"Zwergkönig", **"Wasserfall"**, **"Orgelpfeifen"**, das sind Namen von weiteren bunten Iberger Tropfsteinhöhlen.

STONEHENGE

Stonehenge ist Großbritanniens berühmtestes Monument und Weltkultur-Erbe der UNESCO. Es steht in Südengland, in der Grafschaft Wiltshire. Die Steine bilden mehrere, fast konzentrische (= einen gemeinsamen Mittelpunkt habende) Kreise. Jährlich besuchen etwa eine Million Touristen diese geheimnisumwitterte, ca. 4000 Jahre alte Kultstätte. Die äußere, gut erhaltene Reihe aus 16 (ursprünglich 30) Pfeilern ist durch Deckensteine miteinander verbunden. Im Inneren befindet sich eine hufeisenförmige Anordnung von Steinen. Es wird vermutet, dass die Anlage zur Beobachtung von Sonne und Mond diente. Heute noch sind in Stonehenge keltische Bräuche lebendig. In historischen Kleidern feiern die **Druiden** jedes Jahr die Sommer-sonnenwende (Litha) und andere Feste.

Aber jetzt kommt der Hammer ... und der trifft sicherlich viele Engländer in ihrem Nationalstolz: In jüngster Zeit kamen britische Forscher bezüglich der Entstehung von Stonehenge zu vollkommen neuen, umwälzenden Erkenntnissen. Die englische Forschungsgesellschaft *Wessex Archaeology* vermutet nämlich, dass nicht die Britannier und auch nicht *Merlin*, der Zauberer, sondern Einwanderer aus dem Alpenraum für den Bau von Stonehenge verantwortlich sind. Denn sie entdeckten im Jahr 2002 ein mit ungewöhnlich vielen Beigaben ausgestattetes Grab aus der Bronzezeit. Es handelt sich um ein Grab eines vornehmen Mannes, der "König von Stonehenge" genannt wurde. Wer dieser Mann wohl war? Vielleicht doch *Merlin* ... ?

EXTERNSTEINE

Die **Externsteine** gehören zu den bekanntesten Naturdenkmälern und beliebtesten magischen Ausflugszielen in Deutschland. Sie stehen in einem 140 Hektar großen, gleichnamigen Naturschutzgebiet im Teutoburger Wald. Die vier frei stehenden Felsen gehören zu einer Gruppe von 13 Osning-Sandsteinfelsen.

Wie sind diese Steine entstanden?

Vor ca. 70 Millionen Jahren sind sie durch Ablagerung eines ehemals nordwesteuropäischen Meeres geformt worden.
Bereits in der Steinzeit waren die Externsteine für unsere Vorfahren von Bedeutung. Sie waren ein idealer Platz für ihre Rituale, die Höhlen boten ihnen Schutz, und von dort aus konnten sie Wild erspähen und erlegen. Dies belegen zahlreiche Funde aus der Alt- und Mittelsteinzeit, wie z. B. Feuersteingeräte, Speerspitzen und Klingen.

Im ersten Felsen wurden mehrere Räume ausgehauen. An seiner Außenseite kann man ein einzigartiges Relief (= in den Felsen gehauenes Kunstwerk), auf dem die Kreuzabnahme Jesu zu bewundern ist, sehen. Zusammen mit Grotten, einem Felsengrab und einer Höhenkapelle wurde es im frühen Mittelalter für eine Wallfahrtsstätte geschaffen.

Info:

Stadtmarketing Horn – Bad Meinberg GmbH
Parkstraße 2
D-32805 Horn – Bad Meinberg
Tel.: 05234/98903
Fax: 05234/9577
E-Mail: tourist-information@horn-badmeinberg.de
Internet: www.horn-badmeinberg.de

DAS RÄTSEL VON CARNAC

Bei **Carnac**, einem bretonischen Dorf im Westen Frankreichs, steht einer der rätselhaftesten Steinbauten der Menschheit. Die Megalith-Alleen von Carnac bestehen aus über 3000 aufrecht stehenden Steinen, die sich kilometerweit durch die Landschaft ziehen. Ein gigantischer Anblick! Man scheint eine andere Welt vor sich zu haben. Lange Zeit wurde angenommen, dass die Kelten oder Römer die Steine dort hinterlassen haben. Doch heute glaubt man, dass ca. 3000 vor Christus, in der Jungsteinzeit, ein unbekanntes Volk damit begonnen haben muss, diese mächtigen Steine aufzustellen. Die Forscher gehen davon aus, dass die Steine zu astronomischen Zwecken hergestellt wurden.

DIE KA'ABA IN MEKKA

Die Pilgerfahrt zur Ka'aba in Mekka gehört zur Pflicht im Leben eines jeden Muslimen und wird als eine der fünf Säulen des Islams bezeichnet. Mekka ist der größte Pilgerort der Muslime. Die Ka'aba dort wird als Heiligtum verehrt. Es handelt sich um ein schwarzes, würfelförmiges Bauwerk aus Stein, an dessen Südost-Seite sich der "schwarze Stein" befindet. Dieser wurde mit einem schwarzen Stoff verkleidet.

DIE PYRAMIDEN VON GIZEH

Wer waren die Erbauer dieser kolossalen Bauwerke? Und zu welchem Zweck wurden die Pyramiden überhaupt errichtet?

Die **Pyramiden von Gizeh** in Ägypten zählen zu den gewaltigsten Steinbauten auf unserer Erde. Zwischen Nil und Libyscher Wüste stehen drei der eindrucksvollsten Pyramiden der Welt. Sie gehören zu den "7 Weltwundern" und sind als einzige von ihnen bis in unsere Tage erhalten. Mit einer Höhe von 137 Metern (ursprünglich 146,6 Meter) ist die **Cheopspyramide** die größte Pyramide Ägyptens. Sie setzt sich aus nahezu zweieinhalb Millionen Steinen zusammen, wobei ein Steinblock etwa zweieinhalb Tonnen wiegt! Die Bauzeit einer Pyramide umfasste ca. 20 Jahre. Der griechische Geschichtsschreiber Herodot (485-425 v. Chr.) sagt, dass 100 000 Mann an den Bauten arbeiteten. Doch heute weiß man, dass das nicht stimmen kann, da es damals nur Unterkünfte für ca. 4000 Menschen gegeben hatte.
Und auch der Grund ihrer Erbauung gibt den Forschern immer noch Rätsel auf. Manche glauben, dass die Pyramiden als Grabstätten der Pharaonen dienten und deren Seelen ins Jenseits weisen sollten. Es gibt zwar drei Grabkammern in der Cheops-Pyramide, aber nur **einen** leeren Steinsarg. Auch sind die Zugänge zur Königskammer zu schmal für die riesigen Särge. Hatten sich die Ägypter da etwa verbaut? Andere Forscher sind der Ansicht, dass die Pyramiden von Außerirdischen errichtet wurden und auch die Hieroglyphen (= altägyptische Bilderschrift) von ihnen stammen.

Eine weitere Theorie besagt, dass die Erbauer die Nachfahren des versunkenen Kontinents Atlantis sein sollen.

Falls du dich für die ägyptische Kultur interessierst: Eine der Büsten der *Nofretete* (ägyptischen Königin, 14. Jahrhunderts v. Chr.), Frau des *Amenophis* IV., kann im Ägyptischen Museum in Berlin besichtigt werden.

DIE PYRAMIDEN DER MAYAS UND AZTEKEN

In den Kulturen der Mayas und Azteken existierten viele Götter, denen zu Ehren sie Pyramiden errichteten. So wurde dem Aztekengott *Quetzalcoatl* die wichtigste Pyramide (Templo Mayor) im Zentrum der Aztekenstadt, dem heutigen Mexiko City, erbaut. In den Tempeln, die sich im oberen Teil der Pyramiden befanden, ehrten die Mayas und Azteken ihre Götter und brachten auch Menschenopfer dar. Labyrinth-artige, schwierig erreichbare Geheimgänge führen zu wunderschön mit Gold verzierten Särgen, in denen die verstorbenen Könige lagen.

Die bedeutendsten Pyramiden in Mexiko sind:
Die **Sonnen- und die Mondpyramide** in Teotihuacán, 65 Kilometer außerhalb von Mexiko Stadt.
Die **Pyramiden von Tulum** in Quintana Roo.
Die **antiken Bauten von Monte Alban** und **Mitla** in Oaxaca, von den Zapoteken erbaut.
Die **Pyramiden in Chichén Itzá,** Yucatán.
Die **Pyramiden von Palenque** in Chiapas.

MACHU PICCHU

Die Ruinenstätte **Machu Picchu** gehört zu den größten Attraktionen Perus und wurde zum UNESCO-Weltkultur-Erbe erklärt.

In Quechua, der Sprache der Peruaner, bedeutet Machu Picchu so viel wie "alter Berg" (von machu = "alt" und "picchu" = Berg). Mächtige, eindrucksvolle Berge und Urwald umringen Machu Picchu.

Die Stadtanlage wurde vom Inkavolk ca. 1450 über dem Urubamba-Tal, etwa 100 km im Nordwesten von Cusco, erbaut. Die Stadtanlage umfasst Tempel, Opferstätten, eine Sonnenwarte und Wohnungen für etwa 10000 Menschen. Zum Glück blieb Machu Picchu den Konquistadoren, den spanischen Eroberern, verborgen. Die Stätte wurde erst ca. 1911 von dem Wissenschaftler *Hiram Bingham* entdeckt und später durch eine Gruppe der amerikanischen Yale University untersucht. Doch man fand heraus, dass schon 1901 drei Männer (*Gavino Chávez, Enrique Palma* und *Agustin Lizárraga*) diesen Ort entdeckten, da sie sich mit ihren Namensgravuren in den Mauern verewigten.

Über den Verwendungszweck der Anlage kursieren mehrere Theorien. Aufgrund der Bauweise vermuten manche Forscher, dass die Stadt von einem alt-inkaischen Volk erbaut wurde. Eine andere besagt, dass Machu Picchu als Zufluchtsort für die so genannten **Njustas**, die "Jungfrauen der Sonne", gedient hat. Als die spanischen Eroberer kamen, sollen die Inkas die Njustas dort versteckt haben. Dies würde auch erklären, warum ungefähr 70 Prozent der an diesem Ort gefundenen menschlichen Überreste von Frauenkörpern stammten.

Eine weitere Theorie besagt, dass Machu Picchu möglicherweise die letzte Hauptstadt des Inka-Reiches war. 1544 besiegten die Spanier den letzten Herrscher *Manco Inca* in Vilcabamba, und damit ging die Kultur der Inkas unter.

ERDBAUTEN UND -ANLAGEN

Als europäische Siedler zu den indianischen Gebieten am **Mississippi** vordrangen, entdeckten sie eine der sonderbarsten Überreste alter Kulturen. Es sind die wohl beeindruckendsten Naturdenkmäler Nordamerikas: Erdbauten und Erdanlagen, die sich kilometerweit durch die Landschaft ziehen. Sie haben die Gestalt von Menschen, Schlangen, Vögeln oder mythologischen Tieren. Ob diese Bauten als Gräber, Wohnungen oder zu anderen Zwecken benutzt wurden, blieb bis heute verborgen. Die Formen und Figuren lassen sich von der Erde aus schwer, und viele Wälle nur durch einen bestimmten Sonnen- und Schatteneinfall erkennen. Aus der Luft jedoch kann man sie ganz deutlich sehen.

Auf dem von Menschenhand geschaffenen Hügel von **St. Louis** standen einst Tempel. Und als die ersten französischen Kolonisten einen Hügel bei **Natchez** am Mississippi entdeckten, stießen sie sogar noch auf einen dort lebenden Indianerstamm. In einem Tempel auf dem Hügel soll ein König mit magischen Kräften gewohnt haben, von dem es hieß, dass er keinen Kontakt mit der Erde haben durfte.

HEILIGE SCHLANGEN

Der Schlangenwall von **Adams County** in Ohio (USA) ist die berühmteste indianische Erdanlage in Nordamerika. Die meisten indianischen Wälle wurden durch die Besiedelung Nordamerikas zerstört. Verständlich, dass die Indianer angesichts dieser Entweihung ihrer heiligen Orte manchmal nicht gerade nett reagierten.

RIESEN- UND HEXENBERGE

Berge gelten in allen Kulturen als Mittler zwischen Himmel und Erde. Auf dem Berg **Sinai** sprach *Moses* mit Gott und erhielt dort die "**Zehn Gebote**". In vielen Kulturen sind Berge auch die Wohnstätten von Göttern und Göttinnen, wie es z. B. der **Olymp** bei den Griechen ist. Für die Hindus und Dschainisten ist der "goldene" Berg **Meru** das Zentrum des Kosmos. Der **Fudschijama** ist der heiligste Berg Japans. Seine Verehrer glauben, dass er eine Seele besitzt.

Die höchsten Berge der Kontinente:

ASIEN: Mount Everest (Himalaya) – 8846 m
SÜDAMERIKA: Aconcagua (Anden) – 6960 m
NORDAMERIKA: Mount MacKinley (Rocky Mountains) – 6194 m
AFRIKA: Kibo (Kilimandscharo) – 5895 m
AUSTRALIEN: Jaya (Neuguinea) – 5030 m
EUROPA: Mont Blanc (Franz. Alpen) – 4807 m

MOUNT EVEREST

Der höchste Berg der Welt

Ich gehe mal davon aus, dass die wenigsten unter euch vorhaben, einmal den **Mount Everest** zu bezwingen. Deswegen muss ich ihn auch nicht so ausführlich beschreiben. Trotzdem seien diesem welthöchsten aller Berge einige Zeilen gewidmet. Der Mount Everest liegt im östlichen **Himalaja** und hat eine Höhe von 8846 m. Der Himalaja ist das höchste Gebirge der Erde und liegt zwischen der nordindischen Tiefebene und dem Hochland von Tibet. Die erste Besteigung fand am 29. Mai 1953 durch E. P. *Hillary* und den Sherpa *Tenzing Norgay* statt.

KAILASH

Für die Hindus ist der **Kailash** das Zentrum der Welt. Die 108-malige Umrundung des Berges soll Befreiung vom Leid der Wiedergeburt und ewiges Leben bringen. Diese Umrundung wird **Parikrama** genannt, und für die beschwerliche Strecke von 52 Kilometern braucht man als ungeübter Pilger mehr als zwei Tage. Die Buddhisten sehen auf dem Kailash die vier Fußabdrücke *Buddhas*. Für die meisten magischen Berge ist es charakteristisch, dass in ihrer Nähe bedeutende Flüsse entspringen. So sind dies in der Umgebung des Kailash vier der größten Flüsse Asiens: der **Brahmaputra**, der **Indus**, der **Sutlej** und der **Karnali**. Sie fließen von dort aus in alle Himmelsrichtungen.

OLYMP

Wer das 2917 Meter hohe Gebirgsmassiv im griechischen Thessalien bzw. Mazedonien besteigt, betritt wahrhaft heiligen Boden. Mit keinem anderen europäischen Berg sind so viele Mythen und Legenden verbunden. Im Altertum galt der **Olympos** als Sitz der Götter. Diese mussten sich bedingungslos unter das strenge Reglement des Göttervaters *Zeus* ordnen.

Schon in den frühen griechischen Texten des 8. und 7. Jahrhunderts v. Chr. wird dieser heilige Berg beschrieben. In goldenen Palästen, in herrliches Licht getaucht, wohnten und thronten die unsterblichen Götter: *Zeus* neben *Hera*, *Hermes* und *Athene*. Himmlische Musik erklang, und die Töchter des Zeus, die Musen, sangen ihre Lieder dazu. So wurde der Olymp schon seit der Zeit des alten Griechentums das Ziel von Sängern und Dichtern. Für Künstler und Poeten aller Zeiten war der Olymp immer schon ein Symbol für Liebe, Harmonie und Schönheit. Schon *Orpheus* spielte dort seine Lyra. Einige hundert Jahre später ließ sich *Francesco Petrarca*, ein Dichter an der Schwelle vom Mittelalter zur Neuzeit, vom Olymp inspirieren.

DER ZAUBERKOGEL

Zauberberg der Kelten?

Der **Zauberkogel** in Unterkärnten (Österreich), nahe der slowenischen Grenze, trägt seinen Namen nicht zu Unrecht. Er ist ein Berg voller Geheimnisse und Zauber, außerdem ist er ein "Wetterberg", was bedeutet, dass er auf Wetterzauber sehr sensibel reagiert. In seiner Nähe liegt **Diex**, das sonnigste Dorf Österreichs. Gemeinsam mit der Druiden-Meisterin *Eveline Grander* machte ich mehrere Exkursionen dorthin. Auf der Spitze, am **Hexenstein**, hatte ich die Vision von schreienden Hexen, und an einem verwachsenen Baumstamm das Bild einer hinabstürzenden Frau vor Augen. Als ich einen ungewöhnlich hohen Ameisenhaufen fotografierte, griff mir der "Platzgeist" an den Rücken. Und als wir den Zauberkogel umrundeten, entdeckten wir ziemlich gleichmäßige Erhebungen und hatten die Vision einer Keltenfestung ...

DER BROCKEN

Der "Hausberg" der Hexen

Nirgendwo in Deutschland haben sich so viele unterschiedliche Bräuche erhalten wie im Harz. So werden dort neben den bekannten Hexensabbaten auch Feste wie **Grasedanz, Questenfest, Finkenschlagen** u. a. gefeiert.

Wer sich auf magische Reisen in und außerhalb unseres Landes begibt, wird immer wieder auf *Goethes* Spuren wandeln. So bestieg der Dichter auch den **Brocken**, und zwar erstmals im Winter 1777. Dort verfasste er die Walpurgisszene für seinen "Faust".

Der **Brocken** oder auch **Blocksberg** genannt, ist mit 1142 Metern der höchste Berg Norddeutschlands. Am Fuße des Brockens entspringen die Flüsse **Ilse, Bode, Ecker** und **Oder**. Er liegt mitten im 6000 Hektar großen **Nationalpark Hochharz**. Mit 250 Wanderwegen, vier Infohäusern und regelmäßig geführten Wanderungen ist dieser Ort also nicht nur allein wegen des Brockens interessant. Auch ein 1,6 km langer Rundweg bietet viel Sehenswertes.

Das Walpurgisfest wird auf dem **Hexentanzplatz** bei **Thale** gefeiert, außerdem in **Schierke** und auf dem **Brocken**. Ein hexisches Vergnügen bereitet die Fahrt im **Harzbob**. Vom **Hexentanzplatz** aus saust man über eine Strecke von 1000 Metern ins Tal hinab. Das Tempo kann dabei jeder selbst bestimmen. Diese Allwetter-Bobbahn ist die längste in Deutschland. Von unten geht's dann mit einer Kabinenbahn wieder hoch zum Hexentanzplatz.

Die **Johannisfeste** zu Ehren *Johannes des Täufers* haben vor allem im Harz eine große und weit verbreitete Tradition. Besonders im Oberharz stellen meist junge Menschen am 24. Juni geschmückte Johannisbäume auf. Unter ihnen tanzen und musizieren sie ausgelassen.

Das **Finkenschlagen** ist alles andere als ein magisches Fest. Eigentlich ist es nur etwas für Finkenzüchter und Menschen, die es übers Herz bringen, kleine, süße Vögel in Kästen zu sperren. Bei diesem "Festbrauch" wurden die armen Vögel früher mit Leim-Ruten(!) gefangen. Welch eine Tierquälerei! Kein Wunder, dass heute Vogelschützer gegen diese Veranstaltung und das Einfangen und Einsperren der kleinen Vögel protestieren und den Finkenzüchtern Tierquälerei vorwerfen.

Das **Questenfest** ist ein uraltes Sonnenfest, das nur in **Questenberg** und dem benachbarten **Rotha** gefeiert wird. Zu Beginn dieses Festes werden die **Käsemänner** empfangen. Pünktlich um Mitternacht müssen sie einen Laib Brot und vier Laib Käse an Questenberg liefern. Die Worte "Wir sind die Käsemänner von Rothe und bringen die Käse zum Brote" eröffnen das Questenfest. Doch wehe, wenn die Käsemänner den Termin nicht pünktlich einhalten. Dann bricht der so genannte "Ochsenkrieg" zwischen beiden Ortschaften aus. Die Questenberger haben dann das Recht, den Rothaern das beste Rind von ihren Weiden wegzunehmen.

Der **Grasedanz** in **Hüttenrode** ist ein reines Frauenfest. Dabei symbolisieren die Dorfbewohnerinnen mit ihren Heukörben die Heuernte und reißen das Dorfregiment an sich. Höhepunkt dieses Festes ist der Grasedanz-Festumzug.

Info:

Fremdenverkehrsamt Elbingerode
Markt 3
D-38875 Elbingerode
Tel.: 039454/45281
Fax: 039454/45283

Kurverwaltung Schierke/Brocken
Brockenstraße 10
D-38879 Schierke
Tel.: 039455/310

DER HUIBERG

Der **Huiberg** steht im nördlichen Harzvorland bei Halberstadt und ist 314 m hoch. Der Landkreis Halberstadt blickt über eine tausendjährige Kulturgeschichte zurück. Sehenswert sind auch der Dom zu Halberstadt mit seinem Kirchenschatz und einige mittelalterliche Bauten.

Info:

Landkreis Halberstadt
Landratsamt
Postfach 1542
D-38805 Halberstadt
Tel.: 03941/5770
Fax: 03941/577333
E-Mail: info@landkreis.halberstadt.de
Internet: www.landkreis.halberstadt.de

HÖRSELBERG BEI EISENACH

Südöstlich von **Eisenach** zieht sich ein großer Kamm aus Muschelkalkstein entlang. Seine höchste Erhebung ist der **Große Hörselberg** (484 m). Er ist ein wichtiger urzeitlicher Kultplatz. Viele Sagen und Geschichten von Zwergen und Wichteln ranken sich um diesen Berg. Ursprünglich hieß er "**Hör-die-Seelen-Berg**", denn die Einheimischen glaubten, an diesem Berg die Seelen der Verstorbenen zu hören. *Wotan* und seine Gemahlin *Freya* sollen dort einst ihren Wohnsitz gehabt haben. Aus *Freya* wurde später die "holde Frau", die *Frau Holle*. Interessant sind auch die vielen Höhlen des Hörselberges wie

- die **Venushöhle**
- das **Hörselloch**
- die **Tannhäuserhöhle** (Mär vom Ritter Tannhäuser, Oper "Tannhäuser" von *Richard Wagner*)

VULKANPLÄTZE

DER VESUV

Ein "mörderischer" Vulkan

Der **Vesuv** ist ein aktiver Vulkan, am Golf von Neapel in Süd-Italien gelegen. Von einer Insel aus Asche und Bimsstein entwickelte er sich im Laufe der Jahrtausende zu einem großen Berg. Heute hat er eine Höhe von etwa 1280 m.

Der Untergang Pompejis

Pompeji war eine blühende, reiche Stadt mit Tempeln, Theatern und prunkvollen Bädern. Doch der 24. August 79 n. Chr. war ein wortwörtlich rabenschwarzer Tag für Pompeji. Auf einmal begann die Erde zu beben, der Himmel verfinsterte sich, und eine Riesenwolke aus Asche trieb auf die Stadt zu. Die Menschen versuchten verzweifelt zu flüchten. Viele von ihnen wurden durch die herabstürzenden Dächer erschlagen, andere erstickten an den giftigen Schwefeldämpfen, doch die meisten wurden vom glühenden Ascheregen begraben. Der Vesuv begrub die Städte **Pompeji, Herculaneum** und **Stabiae** unter einer dicken Schicht aus heißer Vulkanasche unter sich und löschte sie vollständig aus. Zwischen 1631 und 1929 kam es zu etwa zehn weiteren heftigen Ausbrüchen. Die letzte große Eruption fand im Jahre 1944 statt. Die Städte **Massa** und **San Sebastiano** wurden dabei in schwarze Lavafelder verwandelt.

DER ÄTNA

Ein "sanfter" Vulkan

Der 3350 m hohe **Ätna** ist an der Ostküste Siziliens beheimatet. Anders als sein "Kollege" Vesuv ist er ein relativ ruhiger Vulkan. Ende September 1998 ereigneten sich zwar ein paar neue Ausbrüche. Doch die Eruptionen des Ätna waren nie so bedrohlich für die Umgebung, dass Menschen flüchten oder sogar sterben mussten. Trotzdem ist er noch aktiv und brodelt und köchelt so vor sich hin. Seit dem Jahre 1500 v. Chr. bricht er immer wieder mal mehr oder weniger aus und sorgt durch seine Lavaströme für fruchtbaren Boden.

Weitere tätige Vulkane weltweit:

Mauna Loa und **Kilauea** (Hawaii)
Hekla (Island)
Popocatépetl (Mexiko)

DIE VULKAN-EIFEL

Auch in Deutschland schlafen **Vulkane**, schlummern Gefahren ... Kaum zu glauben, dass ein so ruhiges Gewässer wie der **Laacher See** in der Eifel eine solch bewegte Vergangenheit hinter sich hat. Er ist der größte Kratersee der Eifel. Aus seinem Innern blubbern bis heute unablässig Blasen. Dabei handelt es sich um vulkanisches Gas, das auch an anderen Orten in der Eifel aus dem Boden tritt. Es scheinen die letzten Aktivitäten der Eifelvulkane zu sein. Aber sicher ist dies keinesfalls. Denn auch vor der gewaltigen Explosion des Laacher-See-Vulkans war die Erde lange Zeit ruhig, immerhin etwa 5000 Jahre. Die Urmenschen lebten damals genauso ahnungslos und unbesorgt wie manch heutige Bewohner. Die Erde in der Eifel hebt sich jedes Jahr um einen Millimeter. Eine trügerische Ruhe ...

Vor 600000 Jahren begannen die ersten Vulkane in der Eifel auszubrechen. Unvorstellbar: Die Explosionen des Laacher-See-Vulkans vor 12900 Jahren waren gewaltig, heftiger als die des **Vesuvs** und des **Mount St. Helens** zusammengenommen! Dabei stiegen die Magmasäulen bis zu 40 Kilometer hoch in die Erdatmosphäre. Insgesamt gab es dort im Laufe der Zeit 250 Eruptionen. Mit der letzten vor 11 000 Jahren begann dann eine Ruhephase. Dabei kam das aufsteigende Magma mit dem Wasser der Oberfläche in Berührung. Diese Magma-Wasser-Gemische erzeugten einen enormen Druck und führten zu heftigen Wasserdampf-Explosionen, die einen trichterförmigen Sprengkrater hinterließen. Glutlawinen schossen bis zum Rhein. Alles Leben ringsum wurde ausgelöscht. Ganz Mitteleuropa wurde mit Asche bedeckt. Durch das giftige Schwefeldioxid in der Atmosphäre veränderte sich das gesamte Klima auf der Nordhalbkugel.

Die Vulkanologen bezeichnen diese Vulkane als "Plumes" oder "Hot Spots". In ca. 100 bis 400 Kilometer Tiefe im Erdmantel brodeln die Hot Spots (ca. 100 Kilometer Durchmesser), eine ungewöhnlich heiße Gesteinsmasse, die allmählich nach oben steigt. Von diesen Hot Spots gibt es weltweit etwa 100. Auf Hawaii oder in Island beispielsweise sind sie sehr viel größer und zeigen heftigere vulkanische Aktivitäten. Geologen nehmen an, dass der Vulkanismus in Deutschland durch die Entstehung der Alpen ausgelöst wurde.

Weitere Vulkangebiete in Deutschland:

- ◆ Der **Vogelsberg**
- ◆ Die **Rhön**
- ◆ Der **Westerwald**
- ◆ Das **Erzgebirge**
- ◆ Der **Kaiserstuhl**

Eifeler Hexen und Hexer, ich wollte euch jetzt keine Angst einjagen, aber: Seid auf der Hut und euch eurer Erde bewusst!

Wie kommt es zu einem Vulkanausbruch?

Die Hitze im Inneren der Erde ist so groß, dass die Gesteine dort schmelzen und flüssig werden. Die entstandene Masse nennt man **Magma** oder **Lava**. Wenn die Erde durch die Bewegung Risse bekommt, kann die Lava aus dem Erdinneren hervorschießen. Passiert das mehrmals, bildet sich ein trichterförmiger Krater, ein Vulkan. Die Temperatur der Lava kann bis zu 1250 Grad (!) betragen. Wenn in die undichten Stellen des Erdinneren Wasser dringt, ist der Ausbruch besonders heftig. Denn das Gasgemisch bildet dann einen gewaltigen Überdruck, der sich als Explosion entlädt. Dieser Vorgang ist ähnlich wie bei einer Sprudelflasche. Wenn du sie zu schnell öffnest und der Druck groß ist, schießt die Kohlensäure wie ein Vulkan heraus.

BURGEN UND RUINEN

BURG SATZVEY

Ritter, Minne und Romantik

Burg Satzvey ist eine der am besten erhaltenen Wasserburgen des Rheinlands und obendrein ein überregional bekannter Ort mit vielen regelmäßigen, interessanten Veranstaltungen wie Hexenmärkten, Mittelaltermärkten, Ritterspielen, Konzerten, Theateraufführungen, Seminaren und Ausstellungen.

Erstmalig wird die Burg Satzvey 1396 in den Urkunden erwähnt. Doch die Grundmauern sollen viel älter sein. Seit über 300 Jahren befindet sich die Burg im Besitz der Grafen *Beissel von Gymnich*.

DIE VERANSTALTUNGEN

Historischer Weihnachtsmarkt

Die erste Veranstaltung auf **Burg Satzvey**, die ich gemeinsam mit meinen beiden jüngsten Kindern *Yan-Ananda* und *Mälika* besuchte, war der **historische Weihnachts-**  **markt**. Wir wurden um Jahrhunderte zurückversetzt und erlebten ganz hautnah rund um die Burg eine Führung und ein Krippenspiel live: Die Weihnachtsgeschichte mit Maria und Joseph und dem Jesuskind, vielen Hirten und den Heiligen drei Königen, bzw. Magiern, von einigen Akteuren dargestellt.

Hexenmarkt und Hexentanz

Der Tanz um das große Feuer ist ein tolles Spektakel. Große und kleine Hexen und Hexer rotieren mit Geheul und Gelächter um das Feuer und wer sich in den Kreis hineinbegibt, hat das Gefühl, wie von selbst von einer großen Scheibe gedreht zu werden, solch eine Power entsteht dort. Tipp: Es ist ratsam, für dieses Spektakel gute, feste Schuhe (am besten Stiefel) mitzunehmen, denn wenn es regnet, ist der Hexenfeuer-Tanzplatz eine Matschbahn (... was natürlich auch eine Riesengaudi sein kann!)

Satzvey – im "Tal der Feen"

Satzvey war für mich ein starker Magnet. Ich weiß nicht mehr, wann "der Ruf" ertönte. Ja, manchmal höre ich, dass Orte mich rufen. Schon das Wort "Satzvey" hatte etwas ganz Magisches für mich. Mich in Satzvey niederzulassen, das war eine meiner intensivsten und klarsten Visionen, die ich je hatte. Sie hatte, wie ich später erkannte, mit einer schicksalhaften Anziehung, die für mich von diesem Ort ausging, zu tun. Was sich dabei ergeben könnte für mich, ließ ich völlig offen. Als ich dann das erste Mal in Satzvey war und mir dort eine Wohnung ansah, sollten meine Ahnungen bestätigt werden.

Die Eifelbahn brachte mich in einer dreiviertel Stunde von Köln in die "Burgen-Eifel". Am Bahnhof Satzvey stieg ich aus und sofort war mir, als würde ich mich auf einem ganz anderen Terrain befinden. Nie hatte ich ein derartiges Gefühl, auf einem Weg getragen zu werden. Ich betrat die alte Brücke und hörte das liebliche Plätschern eines Baches. Und da ertönte eine Stimme: "Gelobt sei Jesus Christus". – Wie bitte? Ich maß diesem Satz anfangs nicht viel Bedeutung bei, aber später kehrte er beim Überqueren der Brücke immer wieder. Alles nur Einbildung? Nein, das konnte nicht sein, denn tatsächlich klingt dieses Mantra bis heute immer an diesem Ort in mir. Ein Phänomen, das ich in dieser Weise nie erlebt hatte. Vielleicht werde ich einmal hinter das Geheimnis dieses Mantras kommen, wer weiß, vielleicht auch nie ... Wie ich später erfuhr, heißt dieser Bach "Veybach". Das Wort vey lässt sich auf das altfranzösische bzw. mittelhochdeutsche Wort "fei(e)" = Fee, Zauberin zurückführen. Satzvey bedeutet also soviel wie "Sitz an der Vey" oder auch "Sitz der Feen".

Aber zurück zu meinem Mantra: Sprach dieser Bach zu mir? Wurde dieses christliche Mantra vielleicht einmal dort von Mönchen oder Nonnen gesprochen, als die Burg Satzvey noch im Besitz der Kirche war? Spricht der Veybach auch die Sprache der Feen? Ich ging den Lindenweg entlang, überquerte die Gartzemerstraße und schon tauchte das Burgtor auf. Links und rechts der Burg wachen zwei Steinlöwen. Stolz und schmuck steht sie da, die Burg, umringt von Wasser. Ich trat durch das zweite Tor, blieb im Burghof stehen und dann passierte es: Ein warmer Schauer erfasste mich. Bilder längst vergangener Zeit zogen in Sekundenschnelle an mir vorüber. Ein Flash, ein Déjàvu-Erlebnis*. Ich war erfüllt von einer unbeschreiblichen Freude und einem Gefühl des Nachhause-kommens. Es war zu viel, ich hatte das Gefühl, überzulaufen, kehrte auf dem Absatz um und verließ den Burg-Innenhof ...

* Déjàvu-Erlebnis = Ein Gefühl, etwas schon einmal erlebt zu haben.

Ritterspiele

Zweimal im Jahr zeigt die Stunt-Gruppe der Burg Satzvey mit ritterlichen Schaukämpfen ihr großartiges Können. Die Ritterspiele sind eine Attraktion ganz besonderer Art, welche man sich auf keinen Fall entgehen lassen sollte.

Halloween-Disco

An Halloween gibt es einen Familientag mit Führungen durch den Gruselparcours im Park der Burg. Ab 20 Uhr lädt der Geistersaal zur Halloween-Disco ein.

Weitere Veranstaltungen

Zu den weiteren Veranstaltungen auf der Burg Satzvey zählen Konzerte verschiedenster Art, Theateraufführungen für Jung und Alt, Seminare und Ausstellungen.

Auch private Feste und Hochzeiten können dort gefeiert werden, und die bezaubernde Burg bietet ein ideales romantisches Ambiente dafür. Innerhalb der Burg-Anlage gibt es zusätzlich interessante Geschäfte und Restaurants.

Info:

Veranstaltungsbüro Burg Satzvey
D-53894 Mechernich-Satzvey
Tel.: 02256/9583-0
Fax: 02256/958377
E-Mail: info@burgsatzvey.de
Homepage: www.burgsatzvey.de

Eifelland ist Burgenland. Es liegt nahe, von Satzvey aus auch die anderen nahe gelegenen Burgen zu besuchen, also eine richtige Burgentour zu unternehmen.

Zu den weiteren Burgen gehören **Burg Veynau, Burg Zievel** u. a. Auch ein Ausflug von Satzvey nach Katzvey, entlang der alten römischen Wasserleitung, ist interessant. An den **Katzensteinen** bauten die Römer früher Buntsandstein ab, und dort befand sich einst ein kleiner Tempel, der der Göttin Diana geweiht war.

BURG FALKENSTEIN

Die Falken sind zurück!

Burg Falkenstein, eine ehemalige Wehranlage, wurde zwischen 1115 und 1120 von *Burchard d. J. von der Konradsburg* erbaut. Sie gehört mit ihrer dreiflügeligen Anlage, sieben Toren, Zwingern und drei Halsgräben zu den schönsten Burgen des Harzer Landes. Seit 1946 gibt es dort ein Museum. In jüngster Zeit wurde auch die Falknerei wieder belebt. Im Falkenhof können in der Saison Greifvögel wie Falken, Adler, Bussarde, Geier und Uhus täglich im freien Flug bewundert werden. Zu den weiteren Attraktionen gehören eine Puppenbühne, Konzerte, Märkte und Burgfeste.

Info:

Museum Burg Falkenstein
D-06543 Burg Falkenstein
Tel.: 034743/8135
Fax: 034743/61942
E-Mail: Museum-Burg-Falkenstein@t-online.de
Internet: www.burg-falkenstein.de

BURG PENZLIN

In die Hexenhaut schlüpfen ...

Penzlin ist ein kleiner Ort im Kreuz der Städte Neubrandenburg, Neustrelitz und Waren (Müritz). Dort befindet sich die **Alte Burg Penzlin** mit ihren berühmt-berüchtigten Hexenverliesen. Auf der Burg gibt es auch ein Museum, in dem Magie und Hexenverfolgung (mit Ausstellung einiger Folter-Instrumente) dokumentiert sind. Als Besucher kannst du in zwei Kellergeschossen den schrecklichen Leidensweg einer Angeklagten, die der Hexerei überführt werden sollte, nachempfinden (ohweia!). Bei den Hexenfesten dann wird die Junghexe mit dem schönsten Kostüm und den besten Besenflugkünsten zur Burghexe gekürt.

Info:

Stadt Penzlin, Schul- und Kulturverwaltung
Am Wall 15
D-17217 Penzlin
Tel.: 03962/210494
Fax: 03962/210135
Tourist-Info Tel.: 03962/210515

DER DRACHENFELS

Die Sagenwelt erzählt von einem Feuer speienden, Menschen verschlingenden Drachen. Er gab dem **Drachenfels** im Siebengebirge bei Bonn seinen Namen. Auf seinem Gipfel steht eine Burgruine aus dem 12. Jahrhundert. Sieben Riesen, ein Drache und Zwerge sollen das Siebengebirge, den Drachenfels mit eingeschlossen, geschaffen haben. Es existieren zwei bekannte Sagen: Nach der einen sollte eine bildschöne Jungfrau dem Drachen geopfert werden. Diese war jedoch eine fromme Christin. An einen Baum gebunden, schien ihr letztes Stündchen geschlagen zu haben. Mit Gebrüll erschien der Drache. Da zückte die Jungfrau ein kleines Kreuz. Der Drache erschrak so sehr, dass er die Klippen hinabstürzte und sich das Genick brach.

Nach einer anderen Sage soll der Drache ein Schiff auf dem Rhein angegriffen haben. Leider hatte er keine große Freude damit, denn das Schiff war mit Schießpulver beladen. Und als er auf das Schiff sprang und seinen Feueratem ausstieß, gab es eine Riesenexplosion. Der Drachen wurde in tausend Stücke zerfetzt ...

Der Drachenfels ist einer der meist besuchten Ausflugsziele Deutschlands. Daher kann da auch mal die Touristenhölle los sein. Trotzdem, wer in dieser Gegend ist, sollte sich einen Aufstieg gönnen. Mit der Zahnradbahn fährt man bis zum Gipfel des Drachenfelses. Der Ausblick dort oben ist überwältigend. Kein Wunder, dass dieser Ort so viele Künstler, Maler, Dichter und Komponisten inspiriert hat.

DIE TEMPELBURG GROSS-RADEN

Eine rekonstruierte slawische Burganlage

Am Nordrand der Mecklenburgischen Seenplatte wurde 1905 ein Tempelort aus dem 9./10. Jahrhundert entdeckt. Erst 1973 begann man mit den Ausgrabungen. Heute befindet sich dort ein Freilichtmuseum mit toll rekonstruierter Burganlage, einer Siedlung und mystischem Tempelort. Durch den Moorboden wurden zahlreiche Gegenstände aus der alten Zeit konserviert. Ebenso erhalten sind Grundrisse und Befestigungsanlagen. Für Gruppen und Schulklassen wird ein besonderes Programm angeboten: Brot backen, kochen, spinnen und weben, töpfern, slawische Spiele u. a.

Info:

Freilichtmuseum Groß-Rade
Kastanien-Allee
D-19406 Sternberg/Mecklenburg
Tel./Fax: 03847/2252
Internet: www.vonlaarmedia.de

SCHLÖSSER

König Ludwig, ein Traumkönig

Nicht, dass er nur geträumt hätte, der bayrische "Kini", nein, er hat seine Träume auch verwirklicht. Er ließ eine ganze Reihe von Schlössern und Residenzen bauen, die ihm die Gelegenheit gaben, in seine Traumwelten abzutauchen.

SCHLOSS LINDERHOF

Inmitten eines Naturschutzgebietes, in 980 Metern Höhe, liegt **Schloss Linderhof**. Die größte Attraktion dort ist die "Venusgrotte", eine künstliche Tropfsteinhöhle. Diese ließ der Märchenkönig Ludwig als Bühnenbild für den ersten Akt der Wagner-Oper "Tannhäuser" anfertigen. Er selbst fuhr in einem vergoldeten Muschelkahn auf dem See herum.

Weitere Attraktionen rund ums Schloss: Schwanenweiher, Marokkanisches Haus, Königshäuschen, Wasserparterre, Königslinde, Terrassengärten, Venustempel, Kapelle, Ost- und Westparterre, Neptunbrunnen, Musikpavillon, Einsiedelei u. a.

Info:

Schloss- und Gartenverwaltung Linderhof
Linderhof 12
D-82488 Ettal-Linderhof
Tel.: 08822/9203-21 u. 9203-0
Fax: 08822/92 03-11
Internet: www.linderhof.de

SCHLOSS NEUSCHWANSTEIN

Das zauberhafte Schloss Neuschwanstein liegt in fast tausend Metern Höhe auf den Steilfelsen der Pöllatschlucht im Ost-Allgäu. Es ist der letzte große Traum, den sich König Ludwig verwirklicht hat. Neuschwanstein gehört zu den meistbesuchten Schlössern und Burgen Europas. Im Sommer drängen sich im Durchschnitt täglich mehr als 6000 Besucher durch Räume, die ehemals für nur einen einzigen Bewohner bestimmt waren.

Durch die Bewegungen im Fundamentbereich muss das Schloss immer wieder saniert werden. Seit 1990 hat der Freistaat für Sanierung und Instandhaltung des Schlosses über 11 Millionen Euro(!) ausgegeben. Übrigens diente Schloss Neuschwanstein *Walt Disney* als Vorlage für die markanten Märchenschlösser in seinen Parks.

Info:

Schlossverwaltung Neuschwanstein
Neuschwansteinstr. 20
87645 Schwangau
Tel.: 08362/93988-0
Fax: 08362/93988-19
E-Mail: svneuschwanstein@bsv.bayern.de
Internet: www.neuschwanstein.de

Weitere sehenswerte Schlösser in Deutschland:

Schloss Gottorf, Schleswig (Schleswig-Flensburg)
Schloss Schwerin, Schwerin (Mecklenburg-Vorpommern)
Schloss Vorderort, Mansfeld/Lutherstadt (Sachsen-Anhalt)
Schloss Wittenberg, Lutherstadt (Sachsen-Anhalt)
Schloss Lübbenau, Spreewald (Berlin-Brandenburg)
Dresdener Schloss, Dresden (Sachsen)
Schloss Burg an der Wupper, Solingen (Bergisches Land)
Saarbrücker Schloss, Saarbrücken (Saarland)
Heidelberger Schloss, Heidelberg (Rheinland-Pfalz)
Hambacher Schloss, Neustadt a. d. Weinstraße (Rheinland-Pfalz)
Schloss Berg, Berg/Starnberg (Bayern)

KIRCHEN, KATHEDRALEN UND KLÖSTER

Gerade im deutschen und österreichischen Raum wurden Kirchen, Kathedralen und Klöster zumeist auf bedeutenden keltischen und germanischen Kultorten errichtet. Dies geschah mit voller Absicht. Papst Gregor der Große (590-604) hatte einmal geäußert, dass gerade dort Kirchen und Kapellen erbaut werden sollten, "damit das Volk zu den Orten, woran es gewohnt ist, um so vertrauter sich versamle und den wahren Gott erkenne und anbete".

DER DOM ZU KÖLN

Ich persönlich finde den **Dom zu Köln** einfach cool. Er hat mich immer schon fasziniert und inspiriert. Die Energie, die er ausstrahlt, ist und war zu allen Zeiten mega-magnetisch. Imposant und mächtig ragen seine 160 Meter hohen Türme in den Himmel. Häufig verbringe ich eine Weile im Inneren des Domes, kehre in mich, staune über dieses mächtige Bauwerk und meditiere über die Schöpfung des Kosmos.

Bei meinem letzten Besuch steuerte ich den Reliquienschrein mit den Gebeinen der **"Heiligen Drei Könige"** an. Wir sprechen immer so selbstverständlich von den Heiligen Drei Königen. Doch sie waren weder heilig, noch drei an der Zahl, noch waren es Könige. Das bestätigt sogar die katholische Kirche selbst! Wir haben es vielmehr – man höre und staune – mit **Magiern** zu tun. Und es sollen sogar vier gewesen sein.

Der Dreikönigsschrein im Kölner Dom.

DIE KATHEDRALE VON CHARTRES

Zu den unbedingt sehenswerten Kirchenbauten gehört die **Kathedrale von Chartres** südwestlich von Paris. Diese im 12./13. Jahrhundert erbaute Kathedrale ist ein einzigartiges Meisterwerk der Architektur, mit ihren überaus kunstvollen Glasfenstern und gotischen Formen. Sie fasst die gesamte Entwicklung westlicher Kirchenbaukunst zusammen.

Chartres war ein heiliger Ort der Kelten, die Kirche steht auf einem einstigen heiligen Hügel der Druiden. Seit dem 4. Jahrhundert ist es Bischofssitz. Der Baumeister von Chartres ist unbekannt geblieben. Aber viele, vor allem marianisch begeisterte Bewohner des Ortes, haben aus den Kalksteinen von **Berchères** ein monumentales, unvergleichliches Bauwerk erschaffen. Die Kathedrale von Chartres gehört ebenfalls zum Weltkulturerbe.

DAS KLOSTER MARIA LAACH

Mitten in der Vulkaneifel liegt das wunderschöne Kloster bzw. die **Abtei Maria Laach**. Der nahe gelegene **Laacher See** und die Hügelketten entstanden etwa 10 000 v. Chr. durch Vulkanismus. **1093** begannen die Bauarbeiten an der Kirche. Stifter waren der Pfalzgraf *Heinrich* II. und seine Gemahlin *Adelheid von Laach*. Nachdem es sich einige Zeit in Privatbesitz befand und die Abteigebäude 1855 durch Brand fast völlig zerstört wurden, besiedelten Benediktinermönche aus der Erzabtei Beuron das Kloster um 1892. Maria Laach ist heute Sitz eines Benediktiner-Ordens, der dort eine Reihe von interessanten Institutionen aufgebaut hat, z. B.: Kunstverlag und Kunstwerkstätten, Buch- und Kunsthandlung, Archiv für Liturgiewissenschaft, Gärtnerei, ein Seehotel, Klostergut, Hofladen und Naturkundemuseum.

Info:

Benediktinerabtei Maria Laach
D-56653 Maria Laach
Tel.: 02652/59-0
Fax: 02652/59-359
E-Mail: abtei@maria-laach.de

GEMEINSCHAFTEN & PROJEKTE

DAMANHUR

Das magische Volk

Die Vereinigung von **Damanhur** ("Stadt des Lichts") ist Europas größte spirituelle Gemeinschaft und ein international bekanntes Zentrum für spirituelle Forschung. Sie wurde 1977 gegründet und befindet sich im Valchiusella-Tal am Südrand der Alpen in Nord-Italien. Die Damanhur-Gemeinschaft, mit über 850 Einwohnern, ist verstreut über ein bergiges Land von mehr als 120 Hektar. Man höre und staune: Da gibt es sogar eigene Schulen, etwa 60 wirtschaftliche Unternehmen, eine eigene Währung, eigene Briefmarken, eine eigene Tages- und Wochenzeitung und einen geheimen, unterirdischen Tempelkomplex von unglaublicher Schönheit und Vollkommenheit. Dort finden Forschungen und Einweihungen statt.

Info:

Föderation von Damanhur
I-10080 Baldissero Canavese
Tel./Fax: 0039(0)124/512205
E-Mail: damanhur@damanhur.it
Internet: www.damanhur.net
oder www.damanhur.org

In Berlin gibt es eine "Zweigstelle" Damanhurs mit Namen **Oromé**, ein Zentrum für Kunst, Kultur, Gesundheit und Spiritualität.

Info:

Oromé Damanhur in Berlin
Nürnberger Str. 16
D-10789 Berlin
Tel.: 030/2815488
Fax: 030/23621950
E-Mail: orome@orome.de

FINDHORN

Reich der Engel, Naturgeister und Devas*

(* Devas = Naturgeister)

> "Ich bin Geist, ich bin überall, in allem, in jedem. Es gibt keinen Ort,
> an dem ich nicht bin. Wenn du diese Erkenntnis voll realisierst und
> akzeptiert hast, weißt du, daß das Himmelreich in dir ist. Deine äußere
> Suche findet ein Ende. In dir selbst liegt alles, wonach du dich sehnst.
> Das Leben wird klar und einfach. Wenn du inne hältst und still bist,
> wirst du in dir alles entdecken, wonach du suchst."

Diese Worte empfing Eileen Caddy, die Mitbegründerin von **Findhorn**, in einer Meditation. Die **Findhorn Foundation** sieht diese Gedanken als Leitfaden für ihre Arbeit und das Leben in der Gemeinschaft.

Im Jahre 1962 gründeten Eileen und Peter Caddy sowie Dorothy Mclean die Findhorn Foundation, die Gemeinschaft von Findhorn, in der Nähe des gleichnamigen Fischerdorfes im Nordosten Schottlands. Anfangs wurde Findhorn bekannt durch seine Arbeit mit den Pflanzen und der Kommunikation mit der Natur. Im Laufe der Zeit hat sich die Gemeinschaft von Findhorn mehr und mehr zu einem Zentrum für spirituelle und ganzheitliche Erziehung entwickelt und ist heute die größte einzelne, zielgerichtete Gemeinschaft Großbritanniens.

Ohne irgendwelche Vorkenntnisse begannen die drei Gründer, einen Garten anzulegen. Die Pflanzen gediehen prächtig, die Ernten wurden immer üppiger, und der Garten immer größer. Was sich hier auf sandigem, unfruchtbarem Boden entwickelt, versetzt Laien und Fachleute weltweit in Erstaunen. Gartenbauexperten und Agrarwissenschaftler, Gärtner und Biologen sind verblüfft. Auch die Bodenproben führen zu keiner logischen Begründung. Anscheinend gibt es keine exakt "wissenschaftliche Erklärung" für das Phänomen Findhorn. Man spricht von "Schottlands Wundergarten". Mehr und mehr Menschen fühlen sich von Findhorn angezogen und finden den Weg dorthin. Findhorn wächst unaufhaltsam zu einer bedeutenden Gemeinschaft. Und so wird die Findhorn Foundation eine gemeinnützige Stiftung, und ihr wichtigstes Ziel laut Stiftungsurkunde ist:

> "Die Förderung der Religion sowie religiöser Studien und Praktiken ...
> durch das Lehren, Anführen von Beispielen und Anschaulichmachen
> der Stichhaltigkeit der Kernwahrheiten aller Religionen und spirituellen
> Systeme ... und die Unterstützung derer, die durch Wissenserwerb und
> Persönlichkeitsentwicklung aufrichtig danach trachten, zu einem tiefen
> Verständnis des Lebens und seiner Beziehung zu Gottes universellem
> Plan zu kommen."

Wegen des großen Zulaufs musste erweitert werden, und **Cluny Hill**, ein ehemaliges 4-Sterne-Hotel, wurde hinzugekauft. Es wird als Cluny Hill College das Gästezentrum der Findhorn Foundation. Die Findhorn Foundation hatte im Jahre 1997 ca. 100 feste Mitglieder. Jährlich besuchen ca. 4000 bis 5000 Menschen die Gemeinschaft.

Das Geheimnis der Menschen von Findhorn heißt: **Leben in Harmonie** mit allen Wesen, Naturgeistern, Devas und Kommunikation mit Pflanzen- und Tierreich. Das Einssein mit der Natur, sich aktiv an Umwelt-Projekten beteiligen, sind erklärte Ziele der Gemeinschaft. Es geht den "Findhörnern" nicht darum, eine alternative biologische Anbauweise oder eine allein selig machende Religion oder Ideologie zu propagieren.

Jährlich reisen tausende von Menschen nach Findhorn, um dort an den Kursen und Seminaren teilzunehmen. Es gibt welche, die eine Woche dauern, manche jedoch auch bis zu einem Jahr. Ihre Themen sind: Ökologischer Hausbau und Lebensführung, Umwelterziehung, Kunst, Gesundheit, Meditation, Heilarbeit und Leben in der Gemeinschaft.

Info:

The Findhorn Foundation
The Park
Findhorn
Forres IV36 3TZ
Moray
Scotland
Tel.: 0044(0)1309/690311
Fax: 0044(0)1309/691301
E-Mail: enquiries@findhorn.org

Ein Keltendorf im Aufbau

Ein besonderes Highlight meiner magischen Reisen war der Besuch des **Keltendorfes** in Unterkärnten/Österreich. Schon von Kind an liebe ich dieses Land. Der erste See überhaupt, in dem ich badete, war der **Wörther See**. Für mich ein unvergessliches Erlebnis! Auch das erste Mädchen, das ich küsste, war eine süße Wienerin. Bei dieser Gelegenheit möchte ich mich noch einmal speziell bei den Österreicher Junghexen für die zahlreichen, ganz besonders liebenswürdigen Zuschriften bedanken.

> "Unser ganz besonderes Anliegen ist es, den Zauber der belebten und beseelten Natur, der Naturgeister, Feen und Elfen, so wie sie unsere 'Ahnen', insbesondere die Kelten, noch verstanden, für den heutigen Menschen wieder erlebbar zu machen, um so unsere Gegenwart freudiger, heiler und sinnvoller zu gestalten und mit diesen Werten unsere Zukunft auszurichten."
> Eveline Grander

Eveline Grander, gelernte Sekretärin und Fakturistin, Druidin und schamanistische Lehrerin, gründete 1997 den Verein **"Das Dorf" für traditionelle und zukünftige Lebensweisen**. Dieser beschäftigt sich mit der keltischen Kultur, mit der Planung und dem Aufbau eines Keltendorfes. Das Keltendorf liegt in **Diex**, dem sonnigsten Dorf in Österreich, am Berg mit dem wunderschönen Namen **Zauberkogel**.

Wichtiger Bestandteil des Lebens der dortigen Dorfbewohner, Druidenschüler und Gäste sind das Studium des Druidentums, sowie Pflege und Feiern der traditionellen Feste bzw. Hexensabbate. Nach einer faszinierenden Reise durch die Bergwelt "meines" geliebten Österreichs warteten zahlreiche Abenteuer auf dem Zauberkogel auf mich. Auch erhielt ich Gelegenheit, mit *Eveline Grander* ein Interview zu führen.

Eine echte Druidin.

Magic Yan:

"Hattest du dich schon als Kind mit mystischen Dingen beschäftigt?"

Eveline Grander:

Als ich etwa 16 Jahre alt war, las ich viel über Engel, Gespenster, Geister und Dämonen. Für mich war das immer Wirklichkeit, und wenn ich etwas zu Gruseliges las, bekam ich Angst in der Nacht und zog mir die Decke über den Kopf. Mit 18 Jahren hatte ich meine erste eigene Wohnung. Da gründete ich eine "Tischchenrückgruppe" und begann mit Geisterbeschwörung. Mein Bruder erzählte mir, dass nach dem Krieg vermisste Menschen dadurch wieder gefunden wurden. So spannte ich Packpapier auf den Küchentisch, ein Freund bastelte ein kleines Holztischchen mit 3 Holzbeinen und einem Kugelschreiber als Bein. So hatten wir ein schreibendes Tischchen, und schon ging die erste Geisterbeschwörung los. Nach kurzer Zeit bewegte sich das Tischchen und begann zu schreiben. Wir fragten und bekamen auch sehr interessante Antworten. Das Tischchen schrieb mit unterschiedlicher Schrift, je nach dem Geist, den wir riefen. Ich erlebte Dinge, von denen ich nie gedacht hätte, dass es sie wirklich gibt. Doch ich bekam die Geister nicht mehr los. So sehr ich es auch versuchte, das Tischchen hörte nicht auf, sich wie wild zu bewegen, solange wir die Finger in einem geschlossenen Kreis darauf liegen ließen. Ich versuchte, die Geister zu verabschieden, aber sie gingen nicht. Sie zerfetzten nur das Papier mit dem Tischchen, und es rotierte so lange, bis es kaputt war. Das Geisterbeschwören faszinierte mich sehr, und so machte ich weiter damit. Nun fing es in meiner Wohnung an zu spuken. Freunde, die bei mir waren, bekamen es mit der Angst zu tun. Türen gingen ohne Wind automatisch auf und zu, Sessel rückten von selbst, und ich wusste nicht mehr ein noch aus. Da wurde mir bewusst, dass Geisterbeschwören, ohne genug darüber zu wissen, sehr gefährlich sein kann und lernte, dass man die Geister, die man ruft, kaum mehr los wird. Ich hörte sofort damit auf, doch der Spuk ging nicht weg und wer weiß, ob es in dieser Wohnung nicht heute noch spukt ...

Magic Yan:

Wie warst du so als kleines Mädchen? Gibt es aus dieser Zeit besondere spirituelle Erlebnisse, die du uns erzählen kannst?

Eveline Grander:

Oh ja, meine Großmutter lebte am Waldrand in den Bergen. Ich war 5 Jahre alt, als sie mir erzählte, dass ich auf ein bestimmtes blaues Blümchen nicht treten dürfe, da es sonst ein Gewitter gäbe. Auf diese

Weise erfuhr ich, dass auch die Pflanzen Wesen sind, die sehr mächtig sein und den Menschen helfen können. Von dieser Zeit an achtete ich immer darauf, bloß auf keinen Ehrenpreis zu treten. Wenn ein Gewitter aufzog, überlegte ich immer, ob ich es unbeabsichtigt vielleicht doch getan hatte und ich somit das Gewitter verursacht haben könnte. Der Ehrenpreis wurde in früherer Zeit wegen seiner Heilkraft so hoch gepriesen und geehrt, dass er daher seinen Namen hat. So lernte ich sehr früh, auf die Natur und die Pflanzen zu achten. Jeden Frühling, sobald der Schnee weg war, ging ich auf die Wiesen und in die Wälder, um zu sehen, was wieder alles wächst. Und ich begrüßte die ersten Pflanzen und auch die Feen und Elfen, und das tue ich bis heute.

Magic Yan:

Erzähl uns doch bitte was über den Ort, an dem du lebst, über den Zauberkogel und das Heiligtum der Diesen.

Eveline Grander:

Diex, das sonnigste Dorf Österreichs, in dem ich jetzt lebe, liegt auf der Sau-Alpe in Südkärnten ("Sau" hat nichts mit dem Tier zu tun, es kommt von dem Wort "sunna", und das heißt Sonne). Die erste Nennung von Diex erfolgte in einer Schenkungsurkunde vom Jahr 895 mit den Worten: "nemus in monte Diehsde" was übersetzt "Heiligtum oder Wald am Berg der Diesen" heißt. Diex ist also mindestens 1108 Jahre alt. Eine **Diese** ist eine Frau mit besonderen Fähigkeiten, eine Göttin oder ein weiblicher Luftgeist. Der Hof, den ich hier vor drei Jahren gekauft habe, ist nach den drei heiligen Frauen benannt. Er heißt "Putzgerhof". Die **Putzen** sind die drei heiligen Frauen oder drei Bethen, von denen das Wort "beten" stammt. Vielleicht waren die ursprünglichen Bewohnerinnen hier heilige Frauen, die das Heiligtum betreuten. Der Zauberkogel ist 1214 m hoch und heißt erst seit Ende der Hexenverbrennungen so. Einige der größten Sagenkreise und Geschichten ranken sich um diesen heiligen Berg, und dort gibt es auch einen Hexenstein. Einige Sagen handeln vom Wettermachen, und in **Völkermarkt**, der nächsten Stadt unten im Tal, heißt es noch heute, dass das Wetter vom Zauberkogel kommt. Man vermutet, dass in vorchristlicher Zeit am Zauberkogel das keltische **Lughnasadh**-Fest gefeiert wurde. Dieses Fest und auch die anderen Jahreskreisfeste veranstalte ich hier regelmäßig schon seit 17 Jahren. Es ist das Fest zu Ehren der Amme des Lug, die der fruchtbare Acker oder die Erde selbst ist. Es findet immer am ersten Augustwochenende statt. Lug, ein Aspekt der Sonne, war der Meister aller Künste und in der gesamten keltischen Welt bekannt.

Magic Yan:

Wie kam es zu der Idee, ein Keltendorf zu planen?

Eveline Grander:

Während meiner Ausbildungszeit zur Druidin festigte sich in mir immer mehr die Idee, die keltische Kultur soweit wie möglich wieder zu beleben. Also gründete ich 1996 den Verein **"Das Dorf" für traditionelle und zukünftige Lebensweisen**. Museen gibt es ja schon sehr viele. Ich träumte jedoch von einem belebten Dorf, in dem man auch einige Tage bleiben kann, mit Tieren und Pflanzen, wo man Kunsthandwerk praktiziert, wie Erz schmelzen, schmieden, töpfern, weben. Mitten in der Natur das Leben aus keltischer Zeit nachempfinden können, am Lagerfeuer sitzen, die Geschichte und Geschichten erzählen, Feste feiern, leben wie die Kelten. Die keltische Kultur umfasste ca. 1000 Jahre und breitete sich in ganz Europa aus. Daher baue ich aus verschiedenen Ländern und keltischen Epochen je ein Haus. Es werden fünf bis sechs Häuser mit allen Nebengebäuden werden.

Magic Yan:

Welche Aktivitäten gibt es dort zurzeit?

Eveline Grander:

Das erste Haus wird im Frühling fertig werden. Es ist ein Rundhaus aus Schottland bzw. Irland und wurde in dieser Bauweise bis ca. zum 8. Jhd. nach Christus hergestellt. Es wird hier schon fleißig gebaut, es braucht jedoch viele Hände. Flechtwerkmauern, Lehm stampfen, Dach binden, Flechtwerkzaun machen ... viele Arbeiten gibt es hier. Jeder freiwillige Helfer ist herzlich willkommen, gegen Kost und Logis mitzubauen und zu experimentieren, einige Tage Urlaub zu machen, mit uns am Lagerfeuer zu sitzen. Die acht Jahreskreisfeste feiern wir schon am Festplatz. Außerdem finden Seminare und Workshops statt. Ich habe zwei Schülergruppen, die ich zu Druiden ausbilde.

Magic Yan:

Wenn überhaupt, welchen zeitlichen Rahmen habt ihr euch für die Verwirklichung des Keltendorfs gesetzt?

Eveline Grander:

Für dieses Jahr ist geplant, das Rundhaus fertig zu machen, das Grubenhaus aus Deutschland, das bis ins 7./8. Jh. so gebaut wurde, und

das Pfahlbauhaus aus der Latenezeit fertig zu stellen. Die Grube fürs Grubenhaus ist bereits ausgehoben und der Teich fürs Pfahlbauhaus ist schon angelegt. Die restlichen Häuser sollen nächstes und übernächstes Jahr entstehen. Dazu kommen auch noch die typischen Zäune. Bis dann jedoch auch der Brennofen fürs Erz und auch das ganze Kunsthandwerk Stück für Stück gemacht wird, wird sicher noch einige Zeit vergehen. Es ist also ein Projekt auf Jahre ...

Magic Yan:

Welche Ziele verfolgt ihr mit dem Keltendorf?

Eveline Grander:

Mein bzw. unser Ziel ist es, die natur-verbundene Lebensweise, die Ge-schichte und Mystik, das Denken, dass die Natur belebt und beseelt ist, wieder empfind- und erlebbar zu machen. Man soll eintauchen können in eine alte Zeit. Viel von der Weisheit unserer Vorfahren können wir vielleicht auch dann mit in unser zukünftiges Leben nehmen, um unsere Zukunft mit neuem Verständ-nis für die Natur und alle Wesen zu gestalten.

Rekonstruierter Rundbau im Keltendorf.

Magic Yan:

Vielen Dank für das Interview, liebe Eveline und allen Segen für die Verwirklichung des Keltendorfes!

Info:

Das Keltendorf
Eveline Grander
Diex 146
A-9103 Diex
Tel.: 0043/(0)4231/25453
E-Mail: egrander@keltenhof.org
Internet: www.keltenhof.org

STEYERBERG

Der Lebensgarten – klein aber fein

Der **Lebensgarten Steyerberg** ist eine beispielhafte Dorfgemeinschaft in der Nähe des Dorfes Steyerberg bei Nienburg in Niedersachsen. Die ursprünglich im Jahr 1938 für Arbeiterinnen der Rüstungsindustrie gebaute Reihenhaussiedlung bietet heute über 70 Erwachsenen und 40 Kindern gemeinsamen Wohnraum. Grundlage der Gemeinschaft ist der Wunsch nach einem harmonischen Zusammenleben von Mensch und Natur. Der Berliner Kaufmann Christian Benzin erwarb 1983 das ca. 4 Hektar große Gelände und gründete mit anderen Menschen eine Gemeinschaft als eingetragener Verein. Dort gibt es keinen Vorgesetzten oder "Guru". Im Text der Selbstdarstellung des Lebensgartens heißt es:

"Seit 1985 leben hier Menschen, die einen Lebenszusammenhang wollen, der geprägt ist von gegenseitiger Achtung, Toleranz und Liebe, der es den Menschen ermöglicht, sich in jedem Aspekt ihres sozialen, spirituellen und alltäglichen Lebens kreativ zu entfalten. Ebenso wichtig war und ist die Kooperation mit der Natur und die Ökologie im Alltag. Jede/r ist wirtschaftlich für sich selbst verantwortlich. Täglich können wir gemeinsam unsere Spiritualität leben (Meditation, Singen in der Kapelle, Kreistanz). Wir halten nachbarschaftlichen Kontakt und können Alltag, besondere Lebensphasen und Freizeit gemeinsam gestalten. Gemeinschaftsbezogene oder individuelle Wachstumskrisen bringen uns einander näher und zeigen uns unsere Eigenverantwortlichkeit. Unsere Entscheidungen versuchen wir nach dem Konsensprinzip zu fällen. Jedes Mitglied kann selbst entscheiden, wie es an den Aufgaben und Zielen des Vereins mitarbeitet.

In der Pionierphase wurden vor allem die teils schlecht erhaltenen Häuser renoviert und größtenteils ökologisch ausgebaut, genauso wie das Gemeinschaftsgebäude. Letztes Jahr wurden nun auch unsere Säle für größere Veranstaltungen fertig gestellt. Mittlerweile haben wir wieder Hände und Köpfe frei für andere Aufgaben. Gesunde Ernährung, ökologischer Ausbau der Häuser, natürliche Heilungswege, positive Bewältigung von Konflikten – vieles, was wir hier gelernt haben, entwickelten wir so weiter, dass für etliche diese erworbene Kompetenz Grundlage ihrer Existenz ist. Unser Seminarbetrieb gibt unsere eigenen und die Erfahrungen uns nahe stehender Seminarleiter an Interessierte weiter und schafft uns einige Arbeitsplätze. Neben dem Seminar- und Gästebetrieb entstanden die Schule für Verständigung und Mediation, Praxen für Naturheilkunde, Ergotherapie, Psychotherapie und Musiktherapie, ein Buchladen, ein ökologischer Baustoffhandel, ein ökologisches Architektur- und Planungsbüro und die Existenzen freischaffender KünstlerInnen und MusikerInnen, die unser Leben hier bereichern. Der Lebensgarten möchte ein Ort sein, der seine Bewohner und Gäste anregt, sich mit sich selbst auseinander zu setzen und sie inspiriert, sich mit anderen zusammenzuschließen."

Fünf wesentliche, die Gemeinschaft des Lebensgartens Steyerberg verbindende Elemente sind:

◆ **Achtung vor der Schöpfung**
◆ **Soziales Miteinander**
◆ Neue Formen der **Konfliktlösung**, z. B. durch die so genannte **Mediation** (= Vermittlung. Nicht zu verwechseln mit dem Begriff **Meditation!**)
◆ **Meditation** (Erfahrungen der inneren Sammlung)
◆ **Ökologie im Alltag**

Die Siedlung besteht aus 44 Reihenhäusern, einem Seminarhaus (Heilhaus) und dem großen Zentralgebäude mit Westflügel, Halle und Ostflügel.

Aktivitäten und Angebote:
Gemeinsame Feste, Meditationen und Singen in der Kapelle, Kreistänze (sacred dances) aus verschiedenen Kulturen, japanische Zen-Meditation, Bücherstube, Kinderbetreuung, Alten- und Sterbebegleitung.

Info:

Lebensgarten Steyerberg
Ginsterweg 3
D-31595 Steyerberg
Tel.: 05764/2370 oder 93044
Fax: 05764/2578
E-Mail: lebensgarten_ev@t-online.de
Internet: www.lebensgarten.de

Die Neumühle – ein Zentrum für Meditation und Begegnung

Die Neumühle liegt an der bekannten Saarschleife bei Mettlach am Dreiländereck Saar-Lothringen-Luxemburg. Dieser Ort war ehemals ein altes keltisches Lichtheiligtum. 1832 stand nur eine Getreidemühle dort. Die Gründer der Neumühle, das Ehepaar Willi und Eleonore Massa, begannen mit 5000 geliehenen DM, gemeinsam mit zwei österreichischen Mitarbeitern auf Au-Pair-Basis. Die Neumühle wurde 1981 von dem gemeinnützigen Verein Exercitium Humanum e. V. erworben und mithilfe vieler Freunde und Förderer schrittweise zu einem internationalen und interreligiösen Zentrum ausgebaut.

Seit 1996 gebe ich dort als Dozent Meditations- und Musikseminare und dieses Zentrum ist mir persönlich sehr ans Herz gewachsen. Dr. Willi Massa war einer meiner ersten Lehrer der Meditation und Impulsgeber für das christliche Herzensgebet. Leider ist Dr. Willi Massa 2001 einer schweren Krankheit erlegen. Eleonore Massa leitet seitdem das Haus alleine weiter, unterstützt von ihren Mitarbeitern.

Ein nahe gelegener See, herrliche Wälder und Wiesen bieten den Gästen und Seminarteilnehmern Erholung und Besinnung.

Info:

Neumühle - Ökumenisches Zentrum
für Meditation und Begegnung
D-66693 Mettlach-Tünsdorf
Tel.: 06868/9103-0
Fax: 06868/9103-91
info@meditation-saar.de
Internet: www.meditation-saar.de

NEUSEHLAND – EINE PERSPEKTIVE FÜR KINDER UND JUGENDLICHE

Im Namen **"Neusehland"** ist ein Grundgedanke erkennbar, nämlich mit diesem Projekt "neu sehen" zu lernen. Neusehland ist ein Ort der Begegnungen und Erfahrungen für junge Menschen zwischen 5 und 25 Jahren.

Nach Information der Seminarleitung umfasst das Angebot dort folgende Bereiche:

♦ Vielfältige Körpertrainings wie Yoga, Eutonie, Lerngymnastik, Selbstverteidigung, Tanz usw.
♦ Schulung der Beziehungsfähigkeit
♦ Kennen lernen anderer Kulturen zur Völkerverständigung
♦ Entwicklung des Umweltbewusstseins durch praktisches Tun
♦ Kreativität in allen Künsten
♦ Anleitung zur spirituellen Entfaltung, Wege in die Stille und Besinnung

Träger von Neusehland ist der "Verein Junges Leben e. V." Er finanziert sich aus Mitgliedsbeiträgen, Kursgebühren und Spenden und kann daher Seminare sehr preiswert anbieten. Alle Kurse finden in der Neumühle statt.

Info:

wie **Neumühle** (siehe oben) und
Internet: www.neusehland-saar.de

MAGIC PARCS

Beim Besuch eines Magic Parcs bzw. Vergnügungsparks solltest du unbedingt einige Dinge beachten, damit dein Besuch dort nicht vom Traum- zum Trauma*-Erlebnis wird.

Lange Finger:

Menschenmassen an Bussen, Bahnen und Straßenbahnen sind immer mit Vorsicht zu genießen und ein gefundenes Fressen für Gauner. Vor allem, wenn die Aufmerksamkeit der Besucher von Kindern, Gepäck und anderen Dingen abgelenkt wird, nützen Taschendiebe das aus. Da sind ganze Profi-Trupps unterwegs und schwuppdiwupp, eh du dich versiehst, ist da was weg. Trage dein Geld und andere Wertsachen am besten in einem Brustbeutel unter der Kleidung.

Überforderung:

Manche Attraktionen wie Achterbahnen usw. sind nicht ohne. Achte auf die Sicherheitshinweise und halt dich (und kleinere Geschwister) gut fest. Fahr am besten nicht unmittelbar nach dem Essen und Trinken.

* Trauma = seelischer Schock oder Verwundung

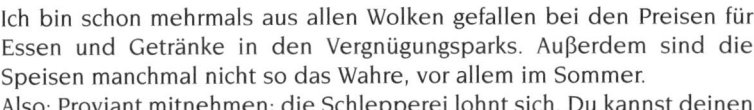

Proviant:

Ich bin schon mehrmals aus allen Wolken gefallen bei den Preisen für Essen und Getränke in den Vergnügungsparks. Außerdem sind die Speisen manchmal nicht so das Wahre, vor allem im Sommer. Also: Proviant mitnehmen; die Schlepperei lohnt sich. Du kannst deinen Proviant übrigens auch in den Gepäckaufbewahrungen und Schließfächern unterbringen.

DISNEYLAND

Disneys Traum wurde wahr

Walt Disney, der Vater der *Mickey Mouse* und Erfinder vieler anderer Figuren, begann seine Karriere in einer Garage, mit nur 500 Dollar geliehenem Startkapital. Er hatte einen großen Traum oder besser gesagt, mehrere. Disney träumte davon, Zeichentrickfilme und Tierfilme zu verwirklichen, später dann **Vergnügungsparks** zu bauen, die Kindern und Erwachsenen gleichermaßen Unterhaltung und Vergnügen bieten sollten. Der Perfektionist Disney wollte stets nur das Beste für sein Publikum. Und das ist ihm wahrlich gelungen. Bis heute stehen weltweit vier absolut gigantische Disneyparks:

- ◆ Disneyland Resort in Californien
- ◆ Walt Disney World Resort in Florida
- ◆ Disneyland Resort Paris
- ◆ Tokyo Disneyland

DISNEYLAND RESORT PARIS

Gigantische Zahlen und Fakten

Als ich im Frühling 2003 mit meinen Kindern zum ersten Mal **Disneyland Resort Paris** besuchte, wurden unsere Vorstellungen und Erwartungen bei weitem übertroffen. Die Zahlen und Fakten des Disneyland Paris sind echt gigantisch. Ja klar, auch das ist Magie!

Das Gelände von DRP umfasst 1943 Hektar, das ist 1/5 der Fläche von Paris! Man hat es also mit einer richtigen Stadt zu tun. DRP ist mit durchschnittlich über 12 Millionen Besuchern im Jahr das meistbesuchte

Ausflugsziel Europas. Im August 1988 wurde mit den Bauarbeiten begonnen. Die Eröffnung war dann 1992. Für DRP sind jährlich im Schnitt 12500 Mitarbeiter aus 100 verschiedenen Ländern in 725 Berufszweigen beschäftigt. Es spricht sicherlich für das Unternehmen, dass mehr als die Hälfte der Beschäftigten schon seit über fünf Jahren dort arbeitet. An die 1000 Künstler, Handwerker und Techniker arbeiten für DRP.

Weitere Zahlen

Paraden: 500 Paraden jährlich auf einer 700 m langen Strecke
Shops: 47 Shops
Besucher: 110 Millionen Besucher seit Eröffnung
Gastronomie: 68 Gastronomiebetriebe
Hotels: 7 Themen-Hotels mit 5800 Zimmern (Fertigstellung drei weiterer Hotels im Laufe des Jahres 2003)

Jedes Hotel wird von einem eigenen Bus angefahren. Diese Pendelbusse fahren täglich zwischen den Hotels und dem Bahnhof **Marne-la-Vallée/Chessy** hin und her, im Abstand von 10 Minuten.

Disneyland macht natürlich mit der Familie am meisten Spaß. Es lässt jeden Erwachsenen für eine kurze Zeit wieder zum Kind werden und die Träume der Kinder in Erfüllung gehen. Und so ging es auch uns, als ich mit meinen beiden jüngsten Kindern in Disneyland eintraf.

Nach einer anfänglichen Odyssee – Journalisten werden dort nicht unbedingt hofiert – kam auch bei mir Begeisterung auf. Klar, für mich als Disney-Autor ("w.i.t.c.h." u. a.) und meine beiden Kinder als begabte Comic-(Nachwuchs-)Zeichner, steuerten wir natürlich erst einmal die **Walt Disney Studios** an. Und dann ließen wir uns gleich mit dem fliegenden Teppich über **Agrabah** tragen. Von da an war es wirklich VERGNÜGEN PUR.

Die **Studio Tram Tour** in den Walt Disney Studios solltest du dir auf keinen Fall entgehen lassen. Sie führt unter anderem in den **Catastrophe Canyon**, bei dem du hautnah miterleben kannst, wie ein Tanklastzug in den Canyon stürzt, Feuer fängt und schließlich von Wassermassen gelöscht wird. Ein mega-cooles Schauspiel! Meine Kinder wollten das gleich noch einmal erleben, und ich habe die Szene dann mit der Kamera mitgedreht. 265 000 Liter Wasser (!) werden hierfür eingesetzt, die vernünftigerweise im Kreislauf immer wieder verwendet werden.

Hier einige wichtige Tipps für den Besuch in einem Disneyland-Park:

- Ein Aufenthalt in Disneyland kann sehr kostspielig sein. Erkundige dich daher nach Pauschalangeboten. Dies ist oft die preisgünstigste Variante.
- Wenn dein Besuch nicht zur Odyssee werden soll, studiere vorher erst einmal ausgiebig den Plan von Disneyland. Das erspart dir Zeit und Ärger. Und du gehst dann viel zielstrebiger auf die Dinge zu.
- Es ist nicht möglich, in zwei oder drei Tagen alles in Disneyland gesehen und erlebt zu haben. Da müsstest du schon einige Wochen bleiben, und das käme schweineteuer. Also überlege dir gut, was du besuchen willst.
- Achte auf bequeme Kleidung! Bei den Riesenstrecken, die man zurückzulegen hat, sind Turnschuhe empfehlenswert. Weitere wichtige Utensilien: Regenschirm, Sonnenmütze, Sonnencreme.
- Ganz wichtig: Vor dem Besuch im **DRP** erst mal Fresspakete packen! Die Preise dort haben mir manchmal regelrecht die Sprache verschlagen ... Im Schnitt sind die Lebensmittel und andere Produkte dort doppelt so teuer wie normalerweise bei uns in den Läden!
- Nimm dir auf jeden Fall auch einen Wecker mit. Früh aufstehen ist angesagt, denn sowohl am Frühstücksbüffet als auch in den Themenparks gibt es todsicher Warteschlangen.
- Lass dir am Eingang das aktuelle Tagesprogramm geben. Paraden finden nur einmal täglich statt, informiere dich deswegen rechtzeitig über die Uhrzeiten.
- Taschen bzw. Einkaufstaschen können übrigens im Disney Store in **Disney Village** hinterlegt werden.
- Lass dir beim Verlassen eines Parks einen unsichtbaren Disney-Stempel auf die Hand drücken, denn für den Wiedereintritt benötigst du sowohl Stempel als auch Eintrittskarte.

Hier eine Übersicht über die Themenparks von Disneyland Resort Paris:

Disneyland-Park:

ADVENTURELAND

Abenteuerwelt aus Legenden, wahren Geschichten und Disney-Filmen

Pirates of the Caribbean (Seeräuber greifen ein Fort an)
Adventure Isle (Schatzinsel, Spukfelsen, Captain Hooks Piratenschiff, Aussichtstürme, Höhlen und Grotten)

Adventureland Bazar (Wüstenstadt mit Aladdin-Ausstellung)
Indiana Jones & the Temple of Peril (Abenteuerzugfahrt in die Tiefe)
La Cabane de Robinson (Baumhaus der Familie Robinson)
Pirate's Beach (Abenteuerspielplatz)

FRONTIERLAND

Eine Wildwest-Stadt im Goldrausch

Disneyland Railroad / Frontierland Depot (Wild-West-Bahnhof, Dampflok-Zugfahrten)
Critter-Corral (Farm mit Prärietieren)
The Chapparral Theater (Veranstaltungsort für Shows)
Pocahontas Indian Village (Kinderspielplatz)
Big Thunder Mountain (Abenteuerfahrt durch eine verlassene Goldmine)
Rustler Roundup Shootin' Gallery (Schießstand)
Legends of the Wild West (Wildwest-Galerie)
Thunder Mesa Riverboat Landing (Kreuzfahrt mit einem Luxus-Raddampfer)
Phantom Manor (999-Geister- und Hexenhaus)

MAIN STREET USA

Eine amerikanische Kleinstadt um die Jahrhundertwende

Disneyland Railroad (Bahnhof mit echten Dampfloks)
Horse-Drawn Streetcars (Pferdebahnen)
Main Street Vehicles (Spazierfahrten mit Oldtimern)
Discovery Arcade (Bogengang mit Erfindungen Ende des 19. Jahrhunderts)
Liberty Arcade (Bogengang mit Ausstellung über die Freiheitsstatue)
Dapper Dan's Hair Cuts (Barbier aus Großvaters Zeiten)

FANTASYLAND

Die Märchenwelt der Disney-Trickfilme

Sleeping Beauty Castle (Dornröschen-Galerie, Drachenhöhle)
Le Théatre du Château (Veranstaltungsort)
Blanche-Neige et les Sept Nains (Märchenwald von Schneewittchen und den sieben Zwergen)
Pinocchio's Fantastic Journey (Die fantastische Reise Pinocchios)
Le Carrousel de Lancelot (Das Pferdekarussel von Lancelot)
Peter Pan's Flight (Die Fantasiewelt des Peter Pan)

Dumbo, the Flying Elephant (Flug mit Dumbo über Fantasyland)
Mad Hatter's Tea Cups ("Ungeburtstag" feiern wie in "Alice im Wunderland")
"it's a small world" (Musikalische Kreuzfahrt durch die Welt der Kinder dieser Erde)
Alice's Curious Labyrinth (Irrgarten aus Alice im Wunderland)
Fantasy Festival Stage (Veranstaltungs-ort)
Disneyland Railroad (Viktorianischer Bahnhof mit Zugfahrten)

DISCOVERYLAND

L'Arcade des Visionnaires (Interaktive Videospiele)
Le Visionarium (Jule Vernes Zeitmaschine auf Leinwand)
Orbitron (Fantastischer Flug mit einem Raumschiff)
Space Mountain (Auf Jule Verne's Reise "Von der Erde zum Mond")
Les Mystères du Nautilus (Kapitän Nemos U-Boot)
Chèrie, j'ai rétréci le public (Professor Szalinski und seine Kinder-Schrumpf-Maschine)
Star Tours (Im Weltall an Bord eines Raumschiffes aus "Krieg der Sterne")
Videopolis (Veranstaltungsort)
Disneyland Railroad/Discoveryland Station (Utopischer Bahnhof)

Walt Disney Studios

Studio Tram Tour (Faszinierender Blick hinter die Kulissen der Movie-Welt)
Animagique (Fantasievolle Szenen mit den Disneyfiguren)
Art of Disney Animation (Geheimnisse der Zeichentrickbranche)
Flying Carpets over Agrabah (Auf Alladin's Fliegendem Teppich)
Hollywood Boulevard (Im Rampenlicht von Hollywood)
Rock' n Roller Coaster (Musiktripp mit Aerosmith)
Stunt Show Spectacular (Atemberaubende Verfolgungsjagden und Stunt-Shows)

Paraden

Auf der Paradenstraße sind täglich Paraden mit den klassischen Figuren aus Disney World zu erleben. Das Lichterfest "Disney's Fantillusion Parade" und die "Main Street Electrical Parade" werden im Disneyland-Park präsentiert. Täglich im Walt Disney Studio Park kannst du bei der "Disney Cinema Parade" live am Set dabei sein und in die Welt des Filmemachens eintauchen.

Vorführungen mit Mickey und seinen Freunden, Musicals, Tänze, Chor-, Orchester- und Bandkonzerte finden täglich zu verschiedenen Uhrzeiten im Chapparral Theater (Frontierland), Videopolis (Discoveryland), Fantasy Festival Stage (Fantasyland) und Animagique (Walt Disney Studios) statt. Bei der **City Hall** gibt es aktuelle Informationen.

Disney Village

Disney Village ist eine typisch amerikanische Flaniermeile. Bis spät in die Nacht bietet es Konzerte, Straßenmusik, Diskotheken, Festivals und Spiele.

Info:

Internet: www.disneylandparis.com

PHANTASIALAND BRÜHL

Ein freundlicher Erlebnispark

Das **Phantasialand Brühl** in der Nähe von Köln hat zwar nicht die Ausmaße und das riesige Angebot eines Disneyland Resort Paris, ist aber deswegen nicht weniger interessant. Der ADAC (= Allgemeiner Deutscher Automobil-Club e. V.) kürte in einem Test vom Jahre 2002 das Phantasialand zu Deutschlands bestem Freizeitpark.

Im Jahre 1966, auf einem ehemaligen Braunkohlerevier gelegen, entwickelten der Puppenspieler *Richard Schmidt* und der Kaufmann *Gottlieb Löffelhardt* einen Themenpark. Am 30. April 1967 fand dann die Eröffnung statt, zu der bereits 400 000 Besucher den Park stürmten. Heute umfasst er ca. 28 Hektar, das sind 50 Fußballfelder. Das Unternehmen beschäftigt etwa 300 feste Mitarbeiter und bis zu 1000

Saisonarbeiter. Ca. 2,5 Millionen Besucher sind jährlich zu verzeichnen. 2002 feierte Phantasialand sein 35-jähriges Bestehen.

Phantasialand verspricht echte Abenteuer für Jung und Alt. Ich habe die Stimmung dort als sehr angenehm empfunden. Außerdem sind die Preise insgesamt relativ human. Ob im **Alt-Berliner Restaurant**, in **Heinos Kaffeehaus** oder anderswo, überall haben wir wirklich leckere und auch erschwingliche Speisen und Getränke genossen.

Frau Prahl, eine sehr freundliche Mitarbeiterin des Presseteams, machte mit uns eigens eine Führung durchs Phantasialand und zeigte uns die neuesten Attraktionen.

Atemberaubendes Varieté

Ganz besonders beeindruckt war ich von der Show **"L'Ar(c)tistique"** im Wintergarten-Varieté. Diese wurde bereits zweimal mit dem "Big E Award" der IAAPA für die besten Freizeitparks der Welt ausgezeichnet (weitere Auszeichnungen: 2001 in der Kategorie "Best Overall Production" und "Excellence in Design", 2002 in der Kategorie "Excellence in Artistique"). Ein funkelndes Bühnenbild aus Eis, Kristall und Feuer erwartete uns. 60 Minuten lang wurden wir regelrecht mitgerissen von den magischen Tänzen, der zauberhaften Musik und der atemberaubenden Akrobatik wagemutiger Artisten. Ich saß wie gebannt und gelähmt auf meinem Theatersitz und die Tränen kullerten bei mir nur so, vor Freude über so viel Schönheit und Hingabe. Was die kleinen Mädchen (zwischen 5 und 7 Jahre jung) bei ihrer Diabolo-Aufführung hinlegten, verschlug einem wirklich die Sprache. Das Publikum tobte permanent. Ich habe nie eine beeindruckendere Show aus Tanz und Akrobatik erlebt!

Mitten im Piraten-Abenteuer

Natürlich waren wir ziemlich neugierig auf "Pirates 4 D". Es war wirklich ein Filmerlebnis ganz besonderer Art (nix für Weicheier!). Ich will dir die tollen Gags nicht schon im Voraus verraten. Nur so viel sei gesagt: Mit der 4-D-Brille auf der Nase wirst du in diesem Film zum unmittelbaren Teilnehmer. Wenn's mal ganz schrecklich für dich werden sollte, nimm die Brille einfach ab ... Aber alles in allem: Ein ganz neues Filmerlebnis, echt große Klasse!

Echt China-Town

Über 200 chinesische Künstler haben am Bau und der Gestaltung dieser Stadt mitgewirkt. Sie ist die größte und schönste Ansiedlung chinesischer Bauten außerhalb Asiens. Schon alleine das Betrachten ist ein einzigartiges Erlebnis.

Märchenwald immer noch in

Ich habe nicht schlecht gestaunt, auf wie viel Begeisterung die Märchenwaldroute bei meinen Kindern stieß. Sie wollten unbedingt alles und jedes Märchen ganz genau bis in den letzten Winkel erleben.

Eine herzliche Parade

Vor Schließung des Parks haben meine Familie und ich noch eine Parade erlebt, die vom Eingang bis zum Brandenburger Tor und zurück ging. Und da kamen sie alle: Die Akrobaten, Tänzer, Musical-Stars, Märchen- und Fabelfiguren, Piraten, Cowboys, Indianer und andere Beteiligte.

Hier die wichtigsten Themenbereiche bzw. Attraktionen auf einen Blick:

Alt Berlin (Dampfkarussell, Berliner Tor)
Chinatown (Feng Ju Palace)
Fantasy (Expeditionstour in Wuze Town)
Wupi- und Wözl-Land (3000 m^2 Spiellandschaften)
Mystery (Mystery Castle)
Silver City Westernstadt (Silbermine)
Mexico (Maya-Tempel, Arena de Fiesta)

Das **Festival der Lichter** nach Sonnenuntergang überrascht mit einer Million(!) funkelnder Lichter, zauberhaft romantischer Musik, traumhaft kostümierten Fabelwesen und prächtig ausgestatteten Wagen.

Fazit: Phantasialand hält, was es verspricht, und lässt sicherlich noch weitere zukünftige Überraschungen erwarten!

Info:

Phantasialand Schmidt-Löffelhardt GmbH & Co. KG
Berggeiststraße 31-41
50321 Brühl
Tel.: 02232/36200
Fax: 02232/36236
E-Mail: info@phantasialand.de
Internet: www.phantasialand.de

Ganz besonders erwähnen möchte ich nochmals die Freundlichkeit des Presseteams und der anderen Mitarbeiter von Phantasialand. Dafür bedanke ich mich hiermit bei allen ganz herzlich!

KULTUR-INSEL EINSIEDEL

"Unmögliche Disziplinen"

In der östlichsten Ecke Deutschlands, an der Neiße zwischen Görlitz und Rothenburg, mitten im Wald, liegt dieser interessante Abenteuer-Freizeitpark. Die **Kulturinsel Einsiedel** ist eine insgesamt vier Hektar große Erlebniswelt mit üppiger Natur, Bergen und Tälern. Ein Zauberschloss und viele weitere Attraktionen locken: Urwald-Labyrinth, Baumhausdorf, Riesenrutsche, abenteuerliche Brücken, über 450 Meter unterirdische Gänge, Feuerschenke, Kulturscheune, Freiluftbühnen, verrückte Inselfeste, Ziegendorf. Für angemeldete Gruppen gibt es auch spezielle Programme, z. B. das **Sixatlum**, eine Kulturinsel-Olympiade mit ganz unmöglichen Disziplinen, ein Schatzsucherspiel, Bad im Feuerkessel, Marco-Polo-Abend, Hörspielnacht und Abenteuer-übernachtung im Großen Erdhaus oder Indianer-Tipi. Alljährlich im Sommer findet auf der Kulturinsel Einsiedel das **Folklorum** statt, ein Festival der Kulturen mit Musik, Tanz, Kunst, Handwerk und Kulinarischem aus aller Welt (ca. 70 Veranstaltungen auf 8 Bühnen).

Info:

Kultur-Insel Einsiedel
D-02829 Zentendorf
Tel.: 035891/4910
Fax: 035891/49111
E-Mail: pop@kulturinsel.de
Homepage: www.kulturinsel.de

Weitere Freizeitparks in Deutschland:

Warner Park, ausführliche Infos, auch zu Warner Parks in anderen Ländern, liefert die Internetseite www.movieworld.de.

Europa-Park, ebenfalls sehr empfehlenswert, in Rust bei Freiburg, www.europapark.de

ZAUBERHAFTE STÄDTE

Da musst du sicher nicht weit reisen ... Denn irgendwo in deiner Nähe gibt es sicherlich eine Stadt mit einem magischen Flair, die du noch nicht kennst und die eine Reise wert ist.

Sicher hat jede Stadt dieser Erde irgendetwas Magisches an sich. Alle besitzen sie ihre Sonnen- und auch Schattenseiten. Natürlich kann ich in diesem Buch nicht jede Stadt einzeln aufführen. Und so seien hier nur einige genannt, die etwas ganz Besonderes, etwas markant Magisches an sich haben.

GLASTONBURY

Glastonbury liegt in der Grafschaft Somerset und ist ein großer spiritueller Anziehungspunkt. Die erste Kirche dort soll von *Joseph von Arimathäa*, der *Jesus von Nazareth* zu Grabe getragen hat, erbaut worden sein. Glastonbury hat sich zum gefragtesten spirituellen Zentrum Englands entwickelt.

PRAG

Prag ist eine der zauberhaftesten Städte Europas. Als über tausendjährige Hauptstadt der Tschechoslowakei ist sie entlang der Moldau gelegen eine wahre Augenweide für Architekturinteressierte: Gotik, Renaissance, Barock und Jugendstil; alle Epochen sind vertreten. Ganz besonders sehenswert sind die **Karlsbrücke** mit ihren steinernen Heiligenfiguren und die **Burg Hradschin** hoch über der Stadt. Anders als andere europäische Städte ist Prag von Zerstörungen weitgehend frei geblieben. Die mittelalterlichen Gassen laden zum Bummeln ein. Und auch in Sachen Kultur und Nightlife bietet Prag jede Menge Aufregendes.

ROM

"Alle Wege führen nach **Rom**" heißt es so schön. Als Hauptstadt des Römischen Weltreiches zog es die Völker des Altertums magisch an. Bis heute ist es das größte Zentrum der Christenheit. Der Zwergenstaat **Vatikan** innerhalb Roms ist der Sitz der Katholischen Kirche. Keine andere Stadt der Welt hat mehr Sehenswürdigkeiten zu bieten als Rom. Es ist eine Stadt der lebendigen Kultur, der Ateliers und Märkte, der Restaurants und Trattorien, der Maler und Dichter, Handwerker, Modemacher und anderer Künstler. Denken wir nur an das **Campo de Fiori** mit seinem bunten Markt, mit großen und kleinen Händlern, dem Einkaufsparadies um die Spanische Treppe.

TRIER

(Augusta Treverorum)

Die Treverer waren ein keltisch-germanisches Volk, das sich an der Mosel ansiedelte. Im Jahre 54 und 52 v. Chr. wurde es von Julius Caesar unterworfen. Wer an Trier denkt, verbindet damit automatisch die **Porta Nigra**, das kolossale, von den Römern erbaute Tor. Aber nicht nur wegen ihr lohnt sich ein Ausflug dorthin. In ganz Trier befinden sich wunderschöne Sehenswürdigkeiten. Und in den vergangenen Jahrzehnten kamen immer wieder wunderbare Schätze zum Vorschein: Römische Villen, Bäder usw. Im romanischen Trierer Dom wird der "Heilige Rock" aufbewahrt, ein angebliches Kleidungsstück Jesu, durch welches schon etliche Wunderheilungen passiert sein sollen.

KAISERSLAUTERN

Die "Barbarossastadt" hat eine einzigartige städtebauliche Architektur. Aus der Luft betrachtet lassen sich sehr deutlich strahlenförmige Anordnungen vom Karlsruher Schloss ausgehend erkennen. Geomanten haben dort ein vielfältiges Netz von Ley-Linien ausgemacht. Nach den Aussagen des Schriftstellers *Rudolf Steiner* soll sich in Kaiserslautern eine Sonnenorakelstätte befunden haben.

VENEDIG

Venedig besteht eigentlich aus ca. 150 Inseln und wurde auf Pfählen erbaut. Der Karneval in Venedig oder eine Fahrt auf der Gondel ist allein schon eine Reise wert.

WIESBADEN

In Wiesbaden lernte ich **Gabriela d'Albert** kennen, meine zweite Frau und eine äußerst begabte Künstlerin. Sie begleitete mich acht Jahre meines Lebens, inspirierte mich, wurde meine Geschäftspartnerin und Co-Produzentin und schenkte mir zwei wunderbare Kinder. Der Ort unserer Begegnung war ein wahrhaft magischer: Die Webergasse in der Nähe der faszinierenden **heißen Quellen** von Wiesbaden ... (siehe auch Quellen, S. 39)

WEITERE TIPPS FÜR MAGISCHE ORTE

PANSILVANIEN

Spuk in PANsilvanien

Die Idee für PANsilvanien entstand, als sich die oberbayrische Stadt Pfarrkirchen überlegte, was man den Feriengästen Besonderes bieten könnte. Dabei entstand die Idee, dass Kinder mit ihren Ferienvermietern Gegenstände für ein Gespensterfest basteln und Lieder und Tänze einstudieren. Beim Gespensterfest gibt's ein Geistermahl mit Hexentrunk, Geschichten erzählen, tanzen, singen und Fackelzug.

> Info:
>
> **Fremdenverkehrsverein Pfarrkirchen e. V.**
> Lindnerstr. 13
> 84347 Pfarrkirchen
> Tel.: 08561/306-15
> Fax: 08561/306-57
> E-Mail: Tourist-info@pfarrkirchen.de
> Homepage: www.urlaub-im-rottal.de

KALTENBERGER RITTERTURNIER

Das größte Ritterturnier der Welt

Der bayerische Prinz *Luitpold* hat vor mehr als 20 Jahren das **Kaltenberger Ritterturnier** ins Leben gerufen. Es ist inzwischen das größte Ritterturnier der Welt. Ca. 1200 Menschen versammeln sich zu den dortigen Veranstaltungen.

> Info:
>
> **Schlossbüro Kaltenberg**
> Schlossstraße 8
> D-82269 Kaltenberg
> Tel.: 08193/933-100 oder -200
> Fax: 08193/933-150
> E-Mail: info@ritterturnier.de
> Internet: www.ritterturnier.de

REGISTER BEDEUTENDER PERSÖNLICHKEITEN

Albert, d', Gabriela (*1966), Autorin, Malerin. Werke: "Wecke die Macht in dir", div. Musik-CDs.

Bloom, William (*1948), Autor und spiritueller Lehrer. Werke: "Naturgeister und Devas".

Bodhidharma (ca. 470 - ca. 543 n. Chr.), ind. Mönch, brachte die traditionelle Meditation des Buddhismus nach China und begründete die Ch'an-tsung-Schule, die später als Zen bekannt wurde.

Britten, Benjamin (1913-1976), engl. Komponist, komponierte u. a. Opern ("Peter Grimes", "Billy Budd"), Orchester- und Chorwerke (u. a. "Sea interludes").

Caddy, Peter (1917-1994), Armeeoberst und Repräsentant des positiven Denkens in Theorie und Praxis, Mitbegründer der Findhorn Foundation. Werke: "Liebe und Vertrauen" u.a.

Caddy, Eileen, Visionärin, Autorin und Mitbegründerin der Findhorn Foundation. Werke: "Flug in die innere Freiheit", "Spuren auf dem Weg zum Licht", "Herzenstüren öffnen".

Däniken, Erich von (*1935), Bestseller-Autor, Futurologe und UFO-Forscher.

Devereux, Paul, Forscher und Autor, Mitbegründer des 1977 entstandenen "Dragon-Projektes".

Disney, Walt (1901-1966), amerikanischer Produzent von Zeichentrick- und Dokumentarfilmen. Gründer der weltweiten Disneyland-Freizeitparks.

Emoto, Masaru (*1943), japanischer Wissenschaftler und Wasserkristall-Forscher. Werke: "Die Botschaft des Wassers" u. a.

Goethe, Johann Wolfgang von (1749-1832), deutscher Dichter, Verfasser des magischen Werkes "Faust".

Grander, Eveline (*1959), Druidin, schamanistische Lehrerin und Gründerin von "Das Dorf", einem keltischen Dorf-Projekt in Unterkärnten (Österreich).

Heimrath, Johannes, Musiker, Klangtherapeut und Unternehmer. Seit ca. 30 Jahren ist er in der Geomantie tätig. Gemeinsam mit *Lara Mallien* gibt er die Zeitschrift für Geomantie HAGIA CHORA heraus.

Hesse, Hermann (1877-1962), bedeutender deutscher Dichter. Werke: "Siddhartha", "Das Glasperlenspiel", "Bäume" u.a.

Khan, Hazrat Inayat (1882-1927), ind. Musiker und Mystiker.

Kneipp, Sebastian (1821-1897), Pfarrer und Naturheilkundiger, der "Wasserdoktor" genannt.

Luczyn, David (*1952), Autor, Journalist und Fotograf. Werke: "Magisch reisen in Deutschland" u.a.

MacLean, Dorothy, Sensitive, steht in Kontakt mit Engeln, Naturgeistern und Devas (Deva ist ein indischer Begriff und bedeutet "Wesen des Lichts".)

Massa, Eleonore (*1938), Leiterin der **Neumühle** und des Kinder- und Jugendzentrums **Neusehland** in Mettlach (Saarland).

Massa, Willi (1931-2001), Dr. theol., Autor, kath. orthodoxer Priester und bis zu seinem Tod Leiter des Meditationszentrums Neumühle.

Michell, John, Werke: "Die Geomantie von Atlantis" u.a.

Novalis (1772-1801), Friedrich Freiherr von Hardenberg; deutscher Dichter und Begründer des "magischen Idealismus".

Platon oder **Plato** (ca. 427-348/347 v. Chr.), griechischer Philosoph, Schüler des Sokrates, gründete seinerzeit die "Akademie", eine in einem Heiligtum in der Nähe Athens gelegene Philosophenschule.

Pogacnik, Marco (*1944), slowenischer Bildhauer, Geomant und Autor. Er wurde durch seine so genannten "Landschaftsheilungsprojekte" bekannt. Werke: "Schule der Geomantie", "Wege der Erdheilung" u. a.

Popp, Fritz-Albert (*1938), deutscher Wissenschaftler.

Randi, James (*1928), amerikanischer Autor, Vortragsredner und Zauberer.

Sheldrake, Rupert (*1942), Naturwissenschaftler, wurde mit seiner Theorie der morphogenetischen Felder weltweit bekannt. Werke: "Das Gedächtnis der Natur", "Die Wiedergeburt der Natur", "Die Seele ist ein Feld" u.a.

Watkins, Alfred (1855-1935), engl. Bierbrauer, Kaufmann, Fotograf und Forscher (übrigens auch der Erfinder der Loch-Kamera), entdeckte Kraftlinien, die er **Ley-Linien** nannte. Werke: "Early British Trackways" (Alte Wanderwege Britanniens), "The Old Straight" (Die alte, gerade Straße).

REGISTER DER MAGISCHEN ORTE

Während meiner Arbeit an meinem Buch drängten sich mir Gedanken auf, die ich (nicht nur) den Betreibern und Mitarbeitern der in diesem Buch genannten Stätten mit auf den Weg geben möchte:

Wenn magische Orte zu rein kommerziellen Plätzen verkommen, liegt kein spiritueller Segen mehr über ihnen (im Gegenteil!). Dann werden sie nicht von dieser ätherischen Kraft durchdrungen, die den Menschen dauerhaft etwas geben kann.

Melissa Bónya

Die schlanke
Hexenküche

Smaragd Verlag

Inhalt

Ein Wort zuvor

Weshalb ich auf die Idee kam, ein Buch wie dieses zu schreiben? Nun, zum einen war mir die Tatsache bewußt, daß sich heute beinahe jeder - zumindest irgendwann einmal in seinem Leben - eingehend mit dem Thema Schlankwerden beschäftigt, denn wer wird von sich schon behaupten, er könne dem herrschenden Modetrend *in puncto* Figur gerecht werden? Und wer von uns „Normalsterblichen" kann schon „Schritt halten" mit den mehr als schlanken „Vorbildern", die man uns Tag für Tag durch die Medien präsentiert?

Kein Wunder also, daß sich ein nicht eben geringer Prozentsatz von Frauen und Männern zu „schwergewichtig" fühlt - egal, ob berechtigt oder nicht! Fakt bleibt, daß das ohnehin meist angeknackste Selbstwertgefühl derjenigen, die dem vorgegebenen „Schlankheitsideal" nicht entsprechen, noch größeren Schaden erleiden wird!

Zum anderen war mir natürlich auch bewußt, daß die vom Übergewicht Betroffenen es in aller Regel keinesfalls attraktiv finden, sich an strenge und meist auch recht „langweilige" Diätpläne zu halten, um sich mühselig von ihren überflüssigen Pfunden zu befreien! Denn, wer möchte sich schon freiwillig herumquälen mit lästigem Joule- oder Kalorienzählen?

Und - wer kennt sie nicht, diese immer latent vorhandene Suche nach einer „noch besseren Diät" – nach etwas, das so ganz anders „funktioniert", mit dem unbestimmten, aber doch wahrnehmbaren Gefühl, es müsse etwas geben, das die Pfunde „einfach wegzaubert".

Nun, ich glaube, Ihnen mit der „schlanken Hexenküche" etwas zu bieten, das nicht nur aus dem Rahmen fällt, sondern auch erfolgreich ist.

Und genau das war es, was mich letztendlich zum Schreiben dieses Buches animierte!

Viele Jahre habe ich Erfahrungen über die verblüffende Wirksamkeit dieser „Hexendiät" gesammelt, da ich dieses „Rezept" lange Zeit an all jene meiner Mitmenschen weitergegeben habe, die mich unter anderem auch bei Figurproblemen um Hilfe der „etwas anderen Art" baten, weil sie wußten, womit ich mich seit Jahrzehnten beschäftige. Die Erfolge waren – und sind – verblüffend, vorausgesetzt, man hält sich genau an das Rezept - aber es lohnt sich, denn das Ergebnis dieser Diät kann sich sehen lassen!

Und da es im Verlauf der Zeit immer mehr wurden, die wachsendes Interesse für die „Magischen Rezepte zum Schlankwerden" zeigten, war meine Entscheidung dann irgendwann gefallen, möglichst vielen Menschen Zugang zu diesen sehr wirkungsvollen „Rezepten" längst vergangener Zeiten zu verschaffen.

Ich bin felsenfest davon überzeugt, daß diese „Hexendiät" auch für all jene Menschen interessant ist, die sich bisher kaum oder gar nicht mit magischen Praktiken befaßt haben!

Außerdem läßt sich diese „Diät" nicht nur einfach in die Tat umzusetzen, sondern sie ist auch verbunden mit einem relativ geringen Kosten- und Zeitaufwand! Und wer sich mit Übergewicht herumplagt und für sportliche Aktivitäten absolut nichts übrig hat, kommt ebenfalls auf seine Kosten!

Außerdem müssen Sie sich während der Dauer dieser einmaligen „Maßnahme zum Schlankwerden" (die vier Wochen dauert, aber beliebig lange fortgesetzt werden kann!) weder mit Kalorienzählen beschäftigen noch mit anderen, ähnlich lästigen Dingen. Und Sie müssen sich auch nicht nach einem strengen Ernährungsplan richten.

Doch dazu später mehr!

Berücksichtigt habe ich dabei auch, daß heute wieder erstaunlich großes Interesse für „außergewöhnliche" Methoden besteht, die auf körperschonende Weise zur Verbesserung der Gesundheit oder der Lebensqualität beitragen und ergänzend zu den herkömmlichen medizinischen Maßnahmen angewandt werden können.

Vielleicht spielte bei meiner Idee zu diesem Buch aber auch der folgende Faktor eine entscheidende Rolle, der mir schon durch meinen Beruf bekannt ist:

Man besinnt sich heutzutage sehr gerne wieder auf althergebrachte und natürliche Heilweisen, und dazu gehört auch ein gesundes Abnehmen nach alten Rezepten mit bewährten Ritualen.

Ein sehr schöner Trend, wie mir scheint, denn tatsächlich zeigen immer mehr Menschen reges Interesse für all jene Dinge, die zum Leben gehören und den herkömmlichen Rahmen sprengen oder einengende Denkweisen in Frage stellen! Individualität ist mehr denn je gefragt, und vielleicht sind gerade deshalb so viele Menschen von dem Gedanken fasziniert, sich nun auch mal selbst hineinzuwagen in den geheimnisvollen Bereich der Magie und Zauberei!

Für viele ist es ein verlockender Gedanke, fortan in Eigenregie aktiv zu werden und einige jener Praktiken auszuprobieren, von denen die meisten zuvor noch nicht einmal ahnten, daß es sie gibt oder daß sie noch immer existieren. Es geht also darum, auf altes Wissen zurückzugreifen – auf all die Hilfsmittel, die im Garten von Mutter Natur zu finden sind und deren Wirkung geradezu verblüffend ist!

Und wenn man dann auch noch lernt, wie man mit diesen Hilfsmitteln der Natur umzugehen hat und sie auf eine sehr spezielle Art und Weise „einzusetzen" weiß, dann läßt sich sogar ein empfindlich aus dem Gleichgewicht geratener Körper wieder harmonisieren. Was das dem einzelnen bringen kann, brauche ich sicherlich nicht näher zu erläutern, denn ein Körper, der sich im Einklang mit Seele und Geist befindet, wird auch Organe beherbergen, deren Funktionen in Harmonie zueinander stehen. Somit hat man viel für sich und seinen streßgeplagten Körper getan!

Nun mag sich der eine oder andere fragen: "Schön und gut...aber was bitte hat das mit Magie und Hexerei zu tun? Und überhaupt...gibt es denn...Magie und Hexerei tatsächlich? Und falls ja...funktioniert das auch? Oder...klappt das nur bei überspannten Gemütern, oder...bei Menschen mit einer etwas zu lebhaft geratenen Phantasie?

Wohl kaum, kann ich hierzu nur sagen! Wobei es aber selbstverständlich Ihnen alleine überlassen bleibt, was Sie glauben wollen und was nicht! Natürlich müssen Sie sich selbst ein Urteil darüber zu bilden, was Sie als Wahrheit akzeptieren können und was für Sie Fiktion oder Ausgeburt einer lebhaften Phantasie ist. Ich möchte Ihnen weder meine Meinung als die einzig wahre verkaufen, noch möchte ich Sie gewaltsam von der Existenz und Wirksamkeit magischer Rituale überzeugen. Ich möchte Ihnen lediglich ein brauchbares „Werkzeug" in die Hand geben. Was Sie dann mit diesem Werkzeug tun, das liegt ganz alleine in Ihrer Macht!

Wie Sie vielleicht wissen, leben wir nun im Zeitalter des Wassermanns, das uns Menschen befähigt, neue Wege zu beschreiten und neue Dinge erst einmal auszuprobieren, bevor wir sie kritisieren. Dieses neue Zeitalter trägt viele positive Gesichter...

Vielleicht ist das ein weiterer Grund, weshalb so vielen Menschen deutlich bewußt wird, wie wichtig es doch gerade heutzutage - in dieser schnellebigen, streßbetonten Zeit die kaum Muße zum Atmen läßt, ist, - sich wieder verstärkt an die Stimme der Intuition zu erinnern und sich auch jenen Dingen zuzuwenden, die uns die Natur schenkt. Und so beginnen sie wieder, verstärkt darauf zu achten, Seele, Körper und Geist in Gleichklang zu bringen und diesen, ist er einmal gefunden, zu bewahren.

Schon deshalb ist es naheliegend, längst verloren geglaubtes Wissen nach und nach wieder zum "Leben" zu erwecken und sich der dazugehörigen Praktiken zu erinnern! Wie hier in diesem Fall, aus dem Metier der Magie und „Hexenkunst"!

In der Vergangenheit lediglich den „Eingeweihten" dieser Zunft vorbehalten, wird dieses alte Wissen heute jedem zugänglich gemacht, der dafür Interesse zeigt. Warum auch nicht, dient doch dieses uralte Wissen in erster Linie dazu, die Zusammenhänge zwischen Mensch, Tier und Pflanzen - also der Natur insgesamt – zu erklären und zu verstehen. Außerdem lernt man auf diese Weise endlich wieder schätzen, was es mit den in der Natur immer wiederkehrenden Zyklen auf sich hat und wie man sie sich bei Bedarf nutzbar machen kann.

All das ist im Verlauf der Jahrhunderte leider immer mehr in Vergessenheit geraten. Zum Teil wohl deshalb, weil der Mensch irgendwann begann, dieses wertvolle Wissen aus seinem Gedächtnis zu verdrängen, oder aber, weil er es - aus welchen Gründen auch immer - sogar schlichtweg ablehnte, sich mit längst überholten, „alten Kamellen" zu befassen.

Und irgendwann im Lauf der Zeit war es dann soweit: Viele Leute - weil sie nichts Genaues mehr über diese Dinge wußten – hielten es für viel zu kompliziert und zeitaufwendig, sich mit magischen Ritualen und ähnlichen Praktiken zu beschäftigen. Andere hingegen stempelten all dieses alte Wissen kurzerhand als Humbug ab. Vorbei war die Zeit der praktizierenden weisen Frauen und Männer von einst, weil genau jene Dinge, die sie so perfekt beherrscht hatten, plötzlich nicht mehr dem Geist der Zeit entsprachen. Es war nicht mehr gefragt, sich mit alten „Hexenritualen" zu befassen und sich durch Kräuter- und Wurzeltränklein heilen zu lassen! Und – noch sehr viel später dann... im Zeitalter der Technologie - erst recht nicht mehr! Das Wissen um magische Rituale war sozusagen in der Versenkung verschwunden - zumindest schien es so! Doch weit gefehlt! Die Macht der Magie, sie lebte und lebt weiter, denn sie ist so unvergänglich wie es die Kräfte der Natur sind...

Natürlich bedarf es auch heute immer noch eingehender „Studien" und jahrelanger Praxis, wenn man beabsichtigt, dieses hochinteressante, vielseitige Metier in seinem Gesamtumfang zu begreifen, oder es sogar bis zur Perfektion zu erlernen, falls das überhaupt jemals möglich ist.

Sicherlich werden Sie sich spätestens jetzt Fragen stellen, wie: „Mal angenommen...es verhält sich alles tatsächlich so, wie ich es hier gelesen habe...wie sollte dann ausgerechnet ich – noch dazu so ganz auf die Schnelle - lernen können, wie man magisches Wissen anwendet, um...schlank zu werden? Und...wie sollte ausgerechnet ich, die/der ich noch nie zuvor etwas über Magie gelesen und gehört habe, nun mit Hilfe magischer Techniken und magischer Hilfsmittel... meine Pfunde verlieren?"

Gegenfrage! Weshalb, bitteschön, sollten Sie dazu nicht imstande sein?...Immerhin waren Sie aufgeschlossen genug, sich für dieses Buch zu entscheiden, und offensichtlich sind Sie auch zugänglich für Methoden der etwas „anderen Art"!

Also...keine Sorge!

Auch Sie werden dazu imstande sein, und das, obwohl es nicht einmal in meiner Absicht liegt, Sie mit zeitraubenden oder gar hochkomplizierten Techniken zu überschütten.

Denn magisches Arbeiten bedeutet auch, mit Einsatz selbst einfachster Methoden und Hilfsmittel wirklich erstaunliche Erfolge zu erzielen! Mann/Frau muß nur wissen, wie das funktioniert und wann und wo man diese Hilfsmittel einsetzt! So kompliziert, wie Sie sich die Sache im Moment vielleicht vorstellen...ist sie also nicht! Niemand möchte Sie hier in Sachen Magie bis ins Detail unterrichten - oder schlimmer noch - aus Ihnen so eine Art "Zauberlehrling" des neuen Jahrtausends machen, genauso wenig, wie ich beabsichtige, Ihnen im "Schnellverfahren" Grundkenntnisse im Hexen zu vermitteln, denn es ist wie immer im Leben: Im "Schnellverfahren" läßt sich so ziemlich gar nichts erlernen - und Magie und Zauberei schon gar nicht.

Aber ich werde Ihnen viele hilfreiche Tricks verraten, die Sie bei Ihrem Vorhaben, **überflüssigen Pfunden den Kampf anzusagen,** hilfreich unterstützen werden.

Ich werde mich darauf konzentrieren, Ihnen all jene Kniffe aus der „Hexen- oder magischen Küche" preiszugeben, die sich leicht in die Tat umsetzen lassen und auch für Berufstätige praktikabel sind. Ich verzichte dabei allerdings ganz bewußt auf „Fachchinesisch", denn dieses Buch soll für jedermann und jede Frau leicht verständlich und einfach in der Handhabung sein. Und - ich verzichte natürlich auch darauf, Ihnen irgendwelche Zaubersprüche beibringen zu wollen, von deren „Wirksamkeit" ich ohnehin nicht überzeugt bin! Statt dessen werden Sie erfahren, was man alles für sich und seinen Körper tun kann, ohne ihn vollzustopfen mit chemischen Keulen oder ähnlichen fragwürdigen Mittelchen, und ohne unnötigerweise mit Dingen herumzuwuseln, die man letztendlich gar nicht für sich akzeptieren möchte oder für die man genau genommen auch gar keine Zeit erübrigen kann.

Sie werden also schon sehr bald feststellen, daß es gar nicht so zeitraubend ist, sich mit magischen Ritualen zu beschäftigen, und Sie werden sehen, daß es sogar Spaß macht! Und da es sich ja noch dazu um jene Techniken handelt, die relativ einfach in die Tat umzusetzen sind, werden Sie noch verblüffter sein, wie schnell diese Art von Magie Wirkung zeigt, wobei ich natürlich nicht versäumen möchte, Sie darauf hinzuweisen, daß Zeitangaben relativ und auch sehr individuell zu betrachten sind!

Normalerweise zeigen sich positive Resultate bereits nach ungefähr vier Wochen, und das ohne lästiges Kalorienzählen oder irgendwelche sportlichen Übungen!

Voraussetzung für den Erfolg ist allerdings, daß Sie sich möglichst genau an das halten, was Sie hier in diesem Buch zu lesen bekommen!

Denn nur dann werden Ihre Bemühungen, den überflüssigen Pfunden den Kampf - vor allen Dingen den *mentalen* Kampf - anzusagen, auch vom schnellen Erfolg gekrönt sein!

Eines möchte ich Ihnen noch nahelegen - nein, eigentlich *muß* ich das sogar - bevor Sie weiterlesen:

Bitte setzen Sie sich in dieser Zeit (vier Wochen) nicht unter Druck! Halten Sie sich das bitte immer wieder vor Augen! Es ist wichtig für den Erfolg! Sonst besteht die Gefahr, daß Sie sich psychisch oder physisch durch negative Gedanken in Richtung Mißerfolg „programmieren". Stattdessen sollten Sie mit Freude ans Werk gehen, getragen von positiven Gedanken und einer ebensolchen Grundeinstellung! Magisch zu „arbeiten" bedeutet nämlich auch, mit Hilfe der Gedankenkraft bestimmte Dinge, Wünsche oder auch Situationen in eine ganz bestimmte Richtung zu bewegen! Ein eiserner Wille, eine positive Grundeinstellung und die Fähigkeit, sich auf bestimmte Dinge konzentrieren zu können, sind deshalb bei dieser Form von Arbeit sehr wichtig!

Also: Achten Sie auf ihre geistige Haltung!

Sie **müssen** überzeugt sein von dem, was Sie tun und − Sie müssen natürlich auch davon überzeugt sein, daß Sie ganz bestimmt **erreichen** werden, was Sie sich vorgenommen haben! Wenn Sie dann noch in der Lage sind, in bestimmten Situationen Ihrer magischen Arbeit in „Bildern" zu denken, kann eigentlich nichts schief gehen.

Denn - auch das Visualisieren (Gedanken in Bilder umzusetzen) gehört zu den Praktiken der Hexen und Magier! Sie sollten sich daher die einzelnen Abläufe Ihrer Handlungen und natürlich auch das angestrebte „Endprodukt" Ihrer mentalen „Arbeit", möglichst oft und deutlich in Form von mentalen Bildern vor Augen führen!

Nicht zu vergessen hierbei ist auch die Macht Ihrer Gedanken - die das Ziel Ihrer Arbeit auf sinnvolle Weise unterstützen und Sie Ihrem Endergebnis Schritt für Schritt näherbringen werden. Ich kann Ihnen versichern, daß diese Macht sehr groß ist und diese bewußt eingesetzte Energie durchaus imstande, Ihre Wünsche auf mitunter wundersame Weise wahr werden zu lassen...

18

Ich hoffe, Sie verzeihen mir, wenn ich ein wenig vom eigentlichen Thema abgeschweift bin, aber es erschien mir wichtig, Sie auch ein wenig über die Hintergründe dieses Metiers aufzuklären, in dem Sie sich nun für eine gewisse Zeit bewegen werden, denn es liegt mir sehr viel daran, meinen Mitmenschen möglichst begreiflich zu machen, was sich alles hinter dem Begriff „Magie" verbergen kann – und das ist genau genommen gar nicht so viel Geheimnisvolles, wie viele Menschen immer noch glauben! Letztendlich ist Magie nichts anderes als das Ergebnis einer Kette von Ursache und Wirkung - ein geschicktes Zusammenspiel zwischen Mensch und Natur und die Fähigkeit, sich bestimmte Dinge nutzbar zu machen, indem man magisches Wissen und gewisse Dinge zu bestimmten Zeiten geistig miteinander „verbindet". Diese vielleicht wenig romantisch anmutenden Tatsachen mögen hoffentlich ein wenig dazu beitragen, Magie und Hexerei etwas nüchterner zu betrachten und sie zu entmystifizieren!

Sie sehen also, selbst wenn all die Dinge, die ich Ihnen vermitteln möchte, „Neuland" für Sie darstellen, oder doch zumindest einiges davon, so besteht für Sie dennoch kein Grund zu glauben, sie könnten „so etwas" nicht! Und noch weniger Sinn macht es, wenn Sie sich womöglich gleich nach Beginn dieser Diät un-

ter Druck setzen, weil Sie befürchten, es könnte eh'
nicht klappen bei Ihrem ersten Anlauf, schlank zu
werden – mit Hilfe der „Hexendiät".

„Gut Ding will Weile haben" - vergessen Sie das
nicht! Sollten Sie also binnen dieser vier Wochen Ihrer „Diät" feststellen müssen - (vier Wochen immer
deshalb, weil Sie während der Zeit des Abnehmens
mit dem Zyklus des Mondes arbeiten werden) - daß
es mit dem Schlankwerden nicht wie gewünscht funktioniert hat, verzagen Sie bitte nicht! Sie können diese
Methode beliebig oft wiederholen, ohne dadurch
Schaden zu nehmen an Körper, Seele oder Geist!

Auch spielt die Frage, weshalb es nicht auf An-
hieb funktioniert hat, keine entscheidende Rolle. Machen Sie sich keine Vorwürfe, wenn Sie möglicherweise nicht konsequent genug waren bei Ihrer magischen
Arbeit, oder wenn Sie dachten, auf dieses oder jenes
kleine Ritual verzichten zu können.

Sei es, daß Sie nachlässig waren beim täglichen
"Brauen" Ihrer Tees; sei es, daß es Ihnen mitunter an
Lust, Zeit und Laune mangelte, die tägliche Meditation von circa zehn Minuten durchzuführen, obwohl Ihnen natürlich durchaus bewußt ist, daß diese zehn Minuten nötig sind, um sich mental auf „Schlank" und
"Erfolg" zu „programmieren"! Vielleicht war es Ihnen
aber auch ganz einfach nur lästig, sich dieser „Arbeit"

mit der hierfür nötigen Aufmerksamkeit und Konzentration zu widmen! Es gibt sicherlich unzählige Gründe, die man an dieser Stelle aufführen könnte...

Aber ungeachtet dessen, was letztendlich für ein Mißlingen Ihres Erfolges verantwortlich sein könnte - machen Sie sich möglichst schnell bewußt: es gibt immer wieder einen neuen Anfang! Und es gibt jeden Monat aufs neue und - mit schöner Regelmäßigkeit - einen Vollmond, der vom Himmel scheint, oder einen geheimnisvoll wirkenden Neumond! Und - auch das sei an dieser Stelle erwähnt - es besteht für Sie immer wieder die Möglichkeit, sich alle jene Tees aufs neue zu brauen, deren Rezepte Sie hier in diesem Buch finden!

Es besteht also kein Grund zur Traurigkeit und schon gar keiner, sich von pessimistischen Gedanken beeinflussen zu lassen.

Sollten Sie dennoch durch eines dieser unschönen Gefühle beherrscht werden, beseitigen Sie es bitte kurzerhand!

Wie? Na, durch positive Gedanken, durch neu erwachten guten Willen für Ihre Sache, eine große Portion Vertrauen in Ihre Fähigkeit und das Gefühl ungebrochener Motivation! Was sonst?

Sie können, wann immer Sie es für richtig und gut halten, einen neuen Anfang starten!

Und - halten Sie sich bitte vor Augen, daß der Faktor „Zeit" beim magischen Arbeiten nur eine untergeordnete Rolle spielt und somit auch in Ihrem Leben, oder zumindest bei diesem Vorhaben, nur bedingt Raum einnehmen sollte. Schließlich und endlich haben sich Ihre überflüssigen Pfunde auch nicht von heute auf morgen auf Ihren Rippen angesammelt!

Vielleicht war es ja auch nur der falsche Zeitpunkt. Manchmal dauert es eben seine Zeit, um sich mental auf bestimmte Dinge im Leben „einzustimmen

Also, fangen wir endlich an!

Was Sie in diesen vier Wochen erwartet

- Sie werden lernen, wie Sie Steine beziehungsweise Kristalle als unterstützende Maßnahme beim Schlankwerden für sich einsetzen, indem Sie sich ihrer Farbe, ihrer Energie und der Wirkung ihrer Mineralien bedienen.

- Sie werden erfahren, wie Sie aus den Wurzeln des schwarzen Holunderstrauches und einer Flasche Rotwein einen Sud brauen, der es auf Ihre überflüssigen Pfunde abgesehen hat.

- Sie werden lesen, wie Sie mit Hilfe der Mond-Energie das Körpergewicht positiv beeinflussen können, und während dieser „Hexen-Diät" sinnvoll den Mondzyklus für andere Rituale nutzen.

- Sie werden täglich einige Tassen Kräuter-Tee trinken *dürfen* (ich sage bewußt nicht *müssen*), die Sie bitte genau nach Anleitung herstellen, weil auch das ein wichtiger Bestandteil dieser Diät ist.

- Apfelessig wird während dieser Zeit ebenfalls eine gewisse Rolle spielen.

- Und - Sie sollten jeden Tag ungefähr zehn Minuten mit einer Art „Meditation" verbringen, damit Sie während dieser Zeit in aller Ruhe Gelegenheit

23

finden, Ihr Unterbewußtsein durch bestimmte Informationen auf „Erfolg" zu programmieren.

- Sie werden weiterhin lernen, wie Sie ein Foto (auf dem Sie alleine und in voller Größe zu sehen sind) an bestimmten Tagen „bearbeiten", um Ihr Körpergewicht auf mentale Weise zu beeinflussen.

- Und Sie werden erfahren, was Sie mit einem alten Kleidungsstück, das ebenfalls zur Liste der Dinge gehört, die Sie für Ihre „Hexendiät" benötigen, anfangen können.

Hört sich doch gar nicht so „schlimm" an - oder?

Ihr magisches Werkzeug

- Ein Mondkalender.

- Ein Foto – möglichst ein neues -, auf dem Sie **alleine** (das ist sehr wichtig!) und **in voller Größe** abgelichtet sind.

- Ein sonnengelber Seidenschal - Maße unwichtig.

- Eine alte Bluse, ein Pullover, ein T-Shirt oder eine Weste - entsprechend Ihrer jetzigen Größe (ein "Modell", das Sie sowieso ausrangieren wollten!)

- Eine rote Tasse beziehungsweise einen roten Trinkbecher.

- Eine rote Kerze.

- Drei weiße Kerzen.

- Eine hellblaue Kerze.

- Räucherwerk, zum Beispiel Sandelholz, Weihrauch, Salbei.

- Je 20 gr. Eisenkraut und zerkleinerte Lorbeerblätter.

- Papier.

- Ein neuer Bleistift, Kugelschreiber oder ähnliches.

- Jede Menge Äpfel, Sorte nach Belieben!
- Drei, sechs oder neun Bergkristalle (je größer und klarer, desto besser!).
- Ein Magnesit mit Öse, den Sie an einer Kette oder einem Lederband umhängen.
- Ein Sodalith mit Öse, damit Sie ihn umhängen können.
- Ein roter Jaspis, circa 2 - 3 cm Durchmesser - ohne Öse!
- Ein brauner Jaspis, circa 2 - 3 cm Durchmesser - ohne Öse!
- Ein Stück Goldfluß, circa 2 - 3 cm oder Größe nach Ihrer Wahl, ebenfalls ohne Öse!
  (Bitte achten Sie beim Erwerb Ihrer Steine peinlichst genau darauf, daß es sich dabei nicht um lackierte oder gar um eingefärbte Stücke oder, noch schlimmer, um Fälschungen handelt!)
- Falls Sie weder Kosten noch Mühe scheuen möchten, sollten Sie sich einige große Calcitsteine zulegen. Drei Steine - vielleicht in der Größe zwei aneinandergelegten Handflächen - wären großartig! Diese Steine sind nicht nur äußerst attraktiv anzuschauen, sondern geben noch dazu eine enorme Menge an Energie im Raum oder an Menschen ab!
- Eine Kassette oder CD mit angenehm beruhigen-

der Musik Ihrer Wahl (für die tägliche Meditation!)

- Eine Flasche Apfelessig (aus dem Bioladen/ Reformhaus).
- Eine Flasche Rotwein, gute Qualität, egal ob süß oder herb.
- Drei Kopfhaare (natürlich Ihre eigenen!)
- Eine Handvoll Holunderwurzeln.
- Kräuter für drei magische Tees (siehe Seite 36ff)

Der Holunderwurzelwein und sein Geheimnis

Sammeln der Wurzeln

Der Holunderwurzel-Wein spielt bei Ihrer Diät eine große Rolle, und daher ist es besonders wichtig, die Wurzeln möglichst frisch und - das versteht sich von selbst - persönlich bei Neumond zu sammeln, denn zu dieser Zeit steckt die meiste Energie in den Wurzeln! Danach die freigeschaufelte Stelle am Wurzelstock des Strauches wieder mit Erde bedecken, damit kein bleibender Schaden entsteht. Nach alter Sitte (der Holunder ist ein heiliger Strauch, in dem das Volk der Elfenwesen leben soll), bringt es Unglück, wenn man ihn mutwillig beschädigt oder sich womöglich bei den Naturgeistern nicht bedankt, nachdem man sich seiner Früchte, Blätter, Äste oder Wurzeln bedient hat!

Bedanken Sie sich also bitte bei ihm für das, was Sie ihm genommen haben! Das kann ruhig gedanklich geschehen, falls es Ihnen albern erscheint, es laut zu tun!

Sollte es Ihnen nicht möglich sein, sich Holunderwurzeln in freier Natur zu besorgen, so kaufen Sie sich getrocknete Wurzeln aus dem Reformhaus oder der Apotheke!

Aber denken Sie daran - Rituale sind nötig für den Erfolg Ihres Vorhabens, und diese Wurzeln zu beschaffen ist bereits eines dieser Rituale!

Pure Bequemlichkeit Ihrerseits sollte daher nicht als Ausrede dienen, sich die Wurzeln lieber zu kaufen anstatt sie selbst in der Natur zu besorgen und sie dann zu Hause zu zerkleinern!

Verarbeitung der Holunderwurzeln

Die Wurzeln gründlich mit einer Küchenbürste unter fließendem Wasser reinigen, sie anschließend in kleine Stücke schneiden und zu gegebener Zeit nach der Rezeptur ab Seite (31) verfahren!

Die Zubereitung des Holunderwurzel-Weins

Dieser Wein, oder besser gesagt: dieser Sud, muß unbedingt bei **Neumond** hergestellt werden! Um das alles nicht so geheimnisvoll für Sie klingen zu lassen, werde ich Ihnen jetzt erklären, warum dies so wichtig ist!

Die Zeit von Vollmond bis Neumond beträgt immer genau zwei Wochen, die für das Geschehen in der Natur nicht unerheblich sind. Und diese Phase ist besonders wichtig für die Wurzeln der Pflanzen, die in dieser Zeit begünstigt sind, denn in den Tagen, in denen der Vollmond wieder im Begriff ist, „schlank" zu werden, gibt er seine ganze Kraft großzügig an jene Teile der Pflanzen ab, die unterhalb der Erdoberfläche wachsen - wie in diesem Beispiel die Wurzeln des Holunderstrauches!

Sie sind danach regelrecht „angefüllt" oder „vollgesogen" mit der Energie des Mondes, die dann zu gegebener Zeit an Sie abgegeben wird! So schließt sich der Kreis, und Sie kommen in den Genuß dieser wertvollen Energie!

Das ist das ganze „Geheimnis", oder besser gesagt - eines der „Geheimnisse" um die Mondmagie!

Es spielt hierbei allerdings keine entscheidende Rolle, ob Sie die Wurzeln während der Phase des Neumondes am Tag oder bei Nacht sammeln!

Der Einfluß dieser Mondphase ist selbst bei Tag spürbar, und zwar nicht weniger stark als nach Einbruch der Dunkelheit!

Doch nun wieder zurück zur Herstellung des Weines:

Sie nehmen die Flasche Rotwein, die gründlich gereinigten und kleingeschnittenen Wurzeln, drei Haare, die Sie sich erst dann auszupfen, wenn Sie sie brauchen, und natürlich einen geeigneten Topf mit Deckel.

Als erstes legen Sie die sauberen **Wurzeln** in den Topf, während Sie sich gleichzeitig möglichst bildhaft vorstellen, wie diese Wurzeln in Kürze ihre gesamte Energie an den Wein abgeben und somit Ihnen beim Abnehmen helfen. Bedanken Sie sich für diese Hilfe - wenn Sie möchten, rein gedanklich, - und, falls Sie es lieber genau so handhaben möchten wie es die Hexen seinerzeit taten (und noch heute tun!), dann dürfen Sie all Ihre Gedanken dazu natürlich auch laut und deutlich aussprechen! Wenn Sie alleine sind oder es Ihnen nicht peinlich ist, in Gegenwart anderer auf einen Topf mit Wurzeln und Wein „einzusprechen", nur zu - tun Sie sich keinen Zwang an!

Aber ich versichere Ihnen, es reicht im Prinzip vollkommen aus, wenn das alles auf mentale Weise geschieht! Wichtig dabei sind einzig und alleine die Gedanken, die Sie in Ihre Arbeit legen. Je intensiver und konzentrierter Sie das tun, desto größer ist die positive Energie dieses Zaubers!

„Was denn...*das* soll *Zauber* sein?" werden Sie sich jetzt vielleicht fragen?

Ja genau! Das ist bereits eine Form von Zauber, denn wer bitte möchte Ihnen oder mir vorschreiben, wie ein Zauberspruch im einzelnen auszusehen hat? Glauben Sie wirklich, daß man heute noch irgendwen oder irgendwas (auf einer mentalen Ebene) mit *Abrakadabra* oder ähnlichen Sprüchen beeindrucken kann oder jemals konnte? Darauf kommt und kam es nie an! Glauben Sie mir bitte, in erster Linie geht es in der Magie darum, was Sie bereit sind, mit Gedanken (mental) oder mit Worten (verbal), in Ihre Sache zu „investieren" – und wie intensiv Sie das tun. Und wieviel an Konzentration Sie dabei aufbringen können! Sie sehen schon - da haben wir es wieder - die Sache mit der Kraft Ihrer Gedanken!

Doch nun zurück zu der Zubereitung des Holunder-Weins!

Jetzt schütten Sie den **Wein** in den Topf - aber ohne jegliche Eile. Und stellen sich dabei bitte abermals bildlich vor, wie sich die Energie der Wurzeln mit jener des Weines verbindet, und wie gut dieser Sud bei Ihnen wirken wird. Stellen Sie sich weiterhin vor, wie dieses Getränk - Ihr Schlankheitsgetränk - in den nächsten Wochen dafür sorgen wird, daß Sie abnehmen!

Lassen Sie das Gemisch aus Wein und Wurzeln circa neunzig Minuten bei mäßiger Hitze „köcheln" (nicht sprudelnd kochen!), während Sie die leere Rotweinflasche vom Etikett befreien und sie mit einem neuen versehen, auf dem Sie dann einige Worte oder einen Spruch Ihrer Wahl schreiben!

Allerdings überlasse ich das ganz Ihrer Phantasie und Ihren eigenen Eingebungen, denn dieser Holunder-Sud (den Sie später dann in die Flasche füllen), soll Ihre „Handschrift", also Ihre eigene mentale Energie, tragen! Nicht meine Energie und auch nicht die eines anderen Menschen, sondern Ihre! Das ist sehr wichtig!

Um Ihnen jedoch die Arbeit ein wenig zu erleichtern, gebe ich Ihnen einige Tips:

Entweder, Sie geben diesem Sud einen Namen, der Ihnen gerade passend erscheint, oder Sie schreiben Ihren eigenen Namen auf das Etikett, und dann noch den Zweck, den dieser Sud erfüllen soll. Aber, wie schon gesagt, das ist ganz alleine Ihr Job! Hören Sie auch hierbei wieder auf die Stimme Ihrer Intuition!

Nach neunzig Minuten nehmen sie den Topf von der Herdplatte und lassen den Sud abkühlen - bei geschlossenem Deckel!

Wenn der Sud völlig abgekühlt ist, müssen Sie den Vorgang wiederholen und den Sud abermals erhitzen beziehungsweise „köcheln" lassen - auch jetzt wieder neunzig Minuten!

Danach den Topf von der Herdplatte nehmen und die **drei Haare** zufügen, die Sie sich jetzt auszupfen, als sichtbares Zeichen dafür, daß es Ihnen sehr wichtig ist, diesen Sud nun auch mit Ihrer eigenen, ganz persönlichen „Schwingung" (oder Energie) „in direkten Kontakt" zu bringen! Gehen Sie dabei konzentriert vor und versuchen Sie sich abermals möglichst bildhaft vorzustellen, was bei diesem Vorgang auf mentaler Ebene geschieht.

Dann werfen Sie noch **drei Gewürznelken** hinein und **drei kleine Stückchen Lorbeerblatt** und lassen alles zusammen abkühlen! Wenn möglich, sollte das ganze draußen im Freien an einem geschützten Platz geschehen. Falls Sie weder einen Garten noch eine Terrasse oder einen Balkon besitzen, tut's eine Fensterbank auch! Dieser Sud soll (mehr symbolisch betrachtet) unter dem Einfluß des Neumondes erkalten!

Nach dem Abkühlen seihen Sie den Sud ab - wegen der darin enthaltenen Wurzeln, Gewürze und Haaren, denn niemand verlangt von Ihnen, daß Sie diese auch noch mittrinken! Füllen Sie den Sud nun in die mit dem Etikett versehene Flasche, mit dem von Ihnen erfundenen Text, und stecken Sie einen Naturkorken in die Flaschenöffnung. Nachdem der Sud über Nacht draußen im Freien abgekühlt ist, bewahren Sie ihn drinnen auf - bitte kühl und dunkel!

Drei magische Tees

Bitte besorgen Sie sich die folgenden Kräuter, Wurzeln oder Rindenstücke aus der Apotheke:

Dazu vorab einige Bemerkungen:

Natürlich ist mir bekannt, daß man nach altem Brauch sämtliche Zutaten für ein magisches Ritual selbst pflücken oder, falls möglich oder notwendig, selbst herstellen sollte!

Aber, wie bitte soll das in der heutigen Zeit noch durchführbar sein? Ich bin Realistin! Deshalb ist mir auch bewußt, daß heute kaum noch jemand ausreichend in der Pflanzenkunde Bescheid weiß, geschweige denn genau zu sagen wüßte – wie, wann und wo man Heilkräuter sammelt, damit sie dem Körper tatsächlich nutzen und nicht schaden!

Außerdem, wer der wenigen, tatsächlich noch immer „Kräuter-Kundigen" findet heute noch genügend Zeit, um nach Belieben durch Wald und Flur zu streifen und sich bei Bedarf seine Kräutlein zu sammeln, und das auch noch zu bestimmten Jahreszeiten und Mondzyklen, damit die Wirkung dieser Kräuter eine möglichst gute ist?

Und – im Zeitalter der Umweltverschmutzung ist es ohnehin für die Gesundheit kaum noch zuträglich, Kräuter irgendwo in der freien Natur zu sammeln und sie dann als „Gesundheits-Tee" zu verwenden!

Das alles sollten Gründe genug sein, lieber auf Kräuter aus der Apotheke oder Reformhaus zurückzugreifen, denn dort wird (meist) auf Qualität und Herkunft geachtet!

Teemischung Nr. 1

50 gr. zerstoßene Faulbaumrinde (*Rhamus frangula*)

50 gr. Holunderrinde vom Schwarzholunder (*Sambucus nigra*)

50 gr. Fenchelsamen (*Foeniculum vulgare mill.*)

Teemischung Nr. 2

20 gr. Löwenzahn - Wurzel, Kraut und Blüten (*Taraxacum officinale - Radix-, Herba-, Folium*)

20 gr. Bibernelle - Wurzel (*Pimpinella saxifrage, Radix*)

20 gr. Wegwarte - Wurzel (*Cichorium intybus, Radix cichorii*)

20 gr. Echter Erdrauch (Herba fumariae)

Im Zusammenhang mit dieser speziellen Teemischung ist Erdrauch nicht appetitanregend, wie vielleicht vermutet, und in dieser geringen Dosierung auch nicht gesundheitsschädlich!

20 gr. Muskateller Salbei (*Salvia sclarea*)
20 gr. Malve (*Althaea officinalis*)

Teemischung Nr. 3

20 gr. Brunnenkresse (*Nasturtium officinale*) in dieser Kombination ebenfalls nicht appetitanregend!

20 gr. Seenelke (Armeria maritima), vom Geschmack her sehr gewöhnungsbedürftig!

20 gr. Huflattich (*Tussilago farfara*)

Diese **dritte Teemischung,** die durch Beimischung getrockneter Seenelke sicherlich nicht zu den schmackhaftesten gehört, wie ich aus eigener Erfahrung weiß, (obgleich sie zur wirksamsten Mischung zählt), ist leider nur etwas für wirklich hartgesottene Gemüter, die noch dazu imstande sind, ihre Geschmacksempfindungen zu Gunsten der schlanken Linie zu ignorieren! Aber keine Bange! Sollten Sie nicht zu der Spezies gehören, die „hart im Nehmen" ist, dürfen Sie diesen Tee wahlweise durch qualitativ guten Grapefruitsaft - **ohne Zucker!** – ersetzen, den Sie dann mit Wasser verdünnt anstelle dieses Tees trinken! Allerdings ist die Wirkung des Grapefruitsaftes natürlich nicht mit der Wirkung dieses Tees zu vergleichen!

Also: Wenn Sie demnächst Aphrodite Konkurrenz machen möchten, empfehle ich Ihnen, sich an den Geschmack des Tees zu gewöhnen.

Z u b e r e i t u n g :
Bereiten Sie sich für den Tag einen Liter dieser Tee-Mischung, das entspricht ungefähr vier großen Bechern! Sie können diese Teemischung in eine Thermoskanne füllen, weil sie warm bis heiß getrunken werden sollte. Für einen Liter rechnen Sie bitte fünf bis sechs gestrichene kleine Löffel Kräuter. Mit kochendem Wasser überbrühen und abgedeckt! zwischen sechs bis neun Minuten ziehen lassen! Sie dürfen mit Honig (aber mäßig) oder Süßstoff süßen, wenn Sie es möchten. Außerdem: Fügen Sie jeder Tasse Tee eine Prise Cayenne Pfeffer bei!

Trinken Sie diesen Tee entweder eine halbe Stunde vor den Mahlzeiten oder eine halbe Stunde danach!

Der Mond und die schlanke Hexenküche

Da Sie in nächster Zeit sehr intensiv mit den Kräften des Mondes und seinem Einfluß zu tun haben werden, gestatten Sie mir bitte vorab einige Erläuterungen für alle diejenigen, die sich mit dem Mond noch nicht so viel beschäftigt haben.

Die Astrologie der Sterne ist schon viele tausend Jahre alt und dürfte wohl den meisten Menschen bekannt sein. Dennoch ist die weniger bekannte Astrologie des Mondes sehr viel älter!

Das Wissen um die geheimen Kräfte des Mondes und der Natur und wie man sie sich nutzbar macht, war so ganz und gar nicht vergleichbar mit den doch recht komplizierten Berechnungen der Sternenastrologie, denn das Wissen über die Astrologie des Mondes, die im Mittelalter ihre große Zeit erlebte, beruhte auf Erfahrungen, die von Generation zu Generation weitergegeben wurden! Sie galt zu jener Zeit als eine Art Richtlinie - oder wenn man so will - als eine Art Orakel für das einfache Volk, entstand sie doch einst auf dem Lande...

Natürlich umgab diesen Planeten am nächtlichen Sternenhimmel schon immer etwas Mysteriöses, faszinierend Unheimliches, und das sicherlich bereits seit Beginn der menschlichen Existenz. Viel könnte ich Ihnen erzählen - von Hexen-Mond-Legenden, von der Kraft des Mondes, seinem beweisbaren Einfluß auf Ebbe und Flut, aber auch unzählige Geschichten von Lunas weniger angenehmen Energien, weil genau dieser Energiestrom aus sonst sanftmütigen Geschöpfen plötzlich aggressive, unberechenbare Menschen werden läßt.

Sie sehen, der Einfluß des Mondes ist sehr vielseitig, und das war den Menschen früher durchaus bekannt.

Es waren also nicht ausschließlich Magier und Hexen, die um die Kraft des Mondes wußten, vor allem aber die Bauern, denn gerade für sie war es wichtig, die geheimnisvollen Kräfte des Mondes genau zu kennen, und nur deshalb gelang es ihnen auch, sich seine unsichtbare Energie nutzbar zu machen, denn oft genug war das Wissen um die Energie des Mondes und seinen deutlich sichtbaren Zyklus entscheidend für das Leben – ja, sogar das Überleben von Mensch und Tier.

Kein Bauer im Mittelalter hätte seine Saat ausgebracht, ohne die für ihn günstigste Zeit des Mondes abzuwarten. Kaum ein Haus wurde erbaut, ohne daß man den Mondstand berücksichtigt hätte. Beinahe alle Dinge des Lebens waren seinem Einfluß unterworfen, selbst Hochzeiten, eine Zeugung oder eine Geburt!

Doch leider wurden später dieses Wissen und die über Jahrhunderte hinweg gesammelten Erfahrungen durch den unaufhaltsamen Einzug der Wissenschaft verdrängt, und schließlich verschwand das Wissen um die geheimnisvollen Kräfte des Mondes nach und nach aus dem Leben und den Gedanken der Menschen...

Aber: Gutes geht niemals wirklich verloren! Es mag wohl mitunter für einen bestimmten Zeitraum in der Versenkung verschwinden, doch eine Kraft, die so stark und so vielfältig ist wie die des Mondes, mag in der Tiefe des menschlichen Unterbewußtseins schlummern - zu gegebener Zeit wird sie sich einen Weg an die Oberfläche des Bewußtseins bahnen.

Lunas geheimnisvollen Kräfte begleiten uns also noch immer durchs Leben - von der ersten Stunde unserer Geburt bis zu der unseres Todes! Genau betrachtet bestimmt dieser Energiefluß unser Leben sogar ganz erheblich. Wer sich gegen diesen subtilen Einfluß nicht wehrt, oder, im günstigsten Falle, sogar bereit ist, sich diesem regelmäßigen Zyklus, diesem natürlichen Kreislauf der Natur, hinzugeben, lebt nicht nur leichter, sondern, wage ich zu behaupten, um vieles besser! Es war schon immer sinnvoll, nicht gegen den Strom des Lebens zu schwimmen, sondern die Einflüsse der Natur zu respektieren, zu akzeptieren und sie sich nutzbar zu machen!

Wenn wir das wieder lernen, dann erleben wir tief in unserem Inneren einen harmonischen Gleichklang mit dem Fluß des Lebens und mit allem anderen, was die Natur hervorgebracht hat.

Und so werden Sie sich nun in nächster Zeit - im Rahmen der „Hexendiät" - recht intensiv mit diesem geheimnisumwobenen Himmelsplaneten, dem Mond, beschäftigen. Aber keine Sorge – das hört sich viel komplizierter an, als es tatsächlich ist!

Dank der heutigen Mondkalender, die übersicht-lich und informativ gestaltet sind, ist das Arbeiten nach dem Mondzyklus eine bequeme Sache gewor-den.

Man braucht den jeweiligen Stand des Mondes oder seine momentane Phase nur noch abzulesen und erfährt gleichzeitig, in welchem der Tierkreiszei-chen sich der Mond gerade befindet, denn auch das ist für die magische Arbeit von Bedeutung!

Sie beginnen mit Ihrer magischen Arbeit wäh-rend der Zeit des Neumondes, denn alles, was Sie an diesem Tag beginnen, zeigt große Wirkung, weil die Sonne dem Mond in dieser Konstellation ihre ge-samte Kraft spendet und es für ihn wieder an der Zeit ist, zu wachsen.

Und diese Kraft sollten Sie für sich nutzen!

Dabei ist es völlig unerheblich, ob Sie nun bei Tag, am Abend oder bei Nacht mit Ihrer „Hexendiät" beginnen. Warten Sie lediglich den Zeitpunkt ab, an dem der Mond sich in seiner „dunklen" Phase befindet. Erst dann sollten Sie starten! Wenn Sie beispielsweise an diesem Tage Ihrem Mondkalender entnehmen, daß der Neumond um 21:00 Uhr beginnt, sollten Sie nicht schon um 20:00 Uhr mit Ihrer Arbeit anfangen.

Wie Sie wahrscheinlich wissen, „durchläuft" der Mond während der vier Wochen seines Zyklus sämtliche Tierkreiszeichen, wobei er sich in jedem der Zeichen zwei bis drei Tage aufhält.

In jedem dieser Zeichen wirkt die Energie des Mondes anders, oder besser gesagt - seine Energie "paßt" sich der jeweiligen Energie des Tierkreiszeichens an. Sein Einfluß auf uns Menschen und unser Leben ist, schon dadurch bedingt, auf sehr unterschiedliche Art und Weise spürbar, weil seine Kraft in gewisser Weise ja auch von dem jeweiligen Charakter des herrschenden Zeichens geprägt ist!

Idealerweise beginnen Sie mit Ihrer Diät genau dann, wenn der nächste Neumond in Ihrem Tierkreiszeichen steht oder in Ihrem Aszendenten (falls er Ihnen bekannt ist).

Bitte berücksichtigen Sie dabei noch folgendes:

In alten mondastrologischen Überlieferungen heißt es, daß sich das Körpergewicht eines Menschen sehr viel leichter reduzieren läßt, wenn man mit einer Diät bei Vollmond beginnt und dieser während seiner "vollen" Phase in einem der folgenden Tierkreiszeichen steht: **Wassermann, Schütze, Jungfrau, Löwe oder Widder.** Oder falls Sie keinem der oben aufgeführten Sternzeichen angehören, wenn sich der Vollmond in Ihrem persönlichen Sternzeichen oder in Ihrem Aszendenten aufhält. Interessanterweise haben neuere Untersuchungen ergeben, daß sogenannte „Feuertage" (Schütze, Widder, Löwe) die Wirkung der Proteine verstärken. Einzelheiten dazu lassen Sie sich bitte von einem astrologiekundigen Ernährungsberater, Mediziner oder Heilpraktiker erläutern. Das führt hier zu weit.

Jetzt wundern Sie sich bitte nicht über den Widerspruch, wenn Sie lesen, daß Diäten eigentlich bei Vollmond begonnen werden sollten, ich Sie aber bitte, bei *Neumond* mit Ihrer Arbeit zu starten! Das hat schon seine Richtigkeit, denn für den gewünschten Erfolg Ihrer Arbeit ist es sehr wichtig, daß Sie Ihre Holunderwurzeln bei Neumond ausgraben und auch den Sud aus Wein, Wurzeln und Haaren genau in dieser Mondphase herstellen, denn gerade zu dieser Zeit entfaltet er seine beste Wirkung!

Dieser Trunk ist äußert wichtig für Sie und Ihren "Einstieg" in die magische Diät, denn er wird Ihnen unter anderem dabei helfen, während der Zeit zwischen Neumond und Vollmond den Hunger leichter zu "überlisten". Bekanntlicherweise ist nämlich der Hunger gerade dann am stärksten, wenn der Mond sich in jener Phase befindet, in der er sich wieder zu „runden" beginnt!

Tatsächlich ist das auch die Phase, in der die meisten Menschen einen „gesegneten" Appetit zeigen und leider auch sehr leicht an Gewicht zulegen. Bei zunehmenden Mond beginnt sich also – Zufall? - auch der Mensch sehr viel leichter als sonst zu „runden"!

Im übrigen bläht sich der Bauch bei zunehmendem Mond auch sehr viel leichter als sonst, nicht nur weil das Essen ganz hervorragend schmeckt und der Körper nach „herzhaften" und schwer verdaulichen Speisen verlangt, sondern weil sich der Körper nun vermehrt mit Wasseransammlungen im Gewebe herumplagen muß und die Verdauung einen Gang zurückschaltet! All das wußten schon die weisen Frauen und Männer aus früheren Zeiten, und entsprechend fielen dann auch ihre „Mixturen" aus, die sie hilfesuchenden Menschen „verordneten".

Doch zurück zum Holunder-Sud! Er sollte, wie bereits gesagt, möglichst frisch zu sich genommen werden, und auch das ist einer der Gründe, weshalb Sie bitte bei NEUMOND beginnen!

Was sie während der Phase des zunehmenden Mondes beachten sollten!

Unser aller Leben besteht aus lieben und unliebsamen Gewohnheiten, oder, wie Sie zwischenzeitlich wissen, aus kleinen „Ritualen", die wir täglich praktizieren. Leider tun wir dies jedoch meistens, ohne darüber nachzudenken! Und genau das ist falsch!

Sollte es daher zu einer Ihrer typischen Angewohnheiten gehören, sich jeden Tag auf die Waage zu stellen, um sich womöglich schon früh am Morgen zu frustrieren - lassen Sie das jetzt bitte sein! Sie sind sich nämlich ganz gewiß nicht bewußt, welche enorme Wirkung in einer Handlung - einem Ritual wie diesem - stecken mag! Sie müssen Ihr Gewicht nicht Tag für Tag überwachen! Schon gar nicht dann, wenn es ohnehin nur aus einer unliebsamen Gewohnheit heraus geschieht, indem Sie Morgen für Morgen schlaftrunken zur Waage tappen! Wiegen sie sich also bitte während dieser magischen Diät nicht in der Phase, in der der Mond an Umfang zunimmt, sondern begeben Sie sich bitte erst dann wieder auf die Waage, wenn der Mond im Begriff steht, abzunehmen!

Merksatz: Bei zunehmendem Mond n i c h t wiegen!

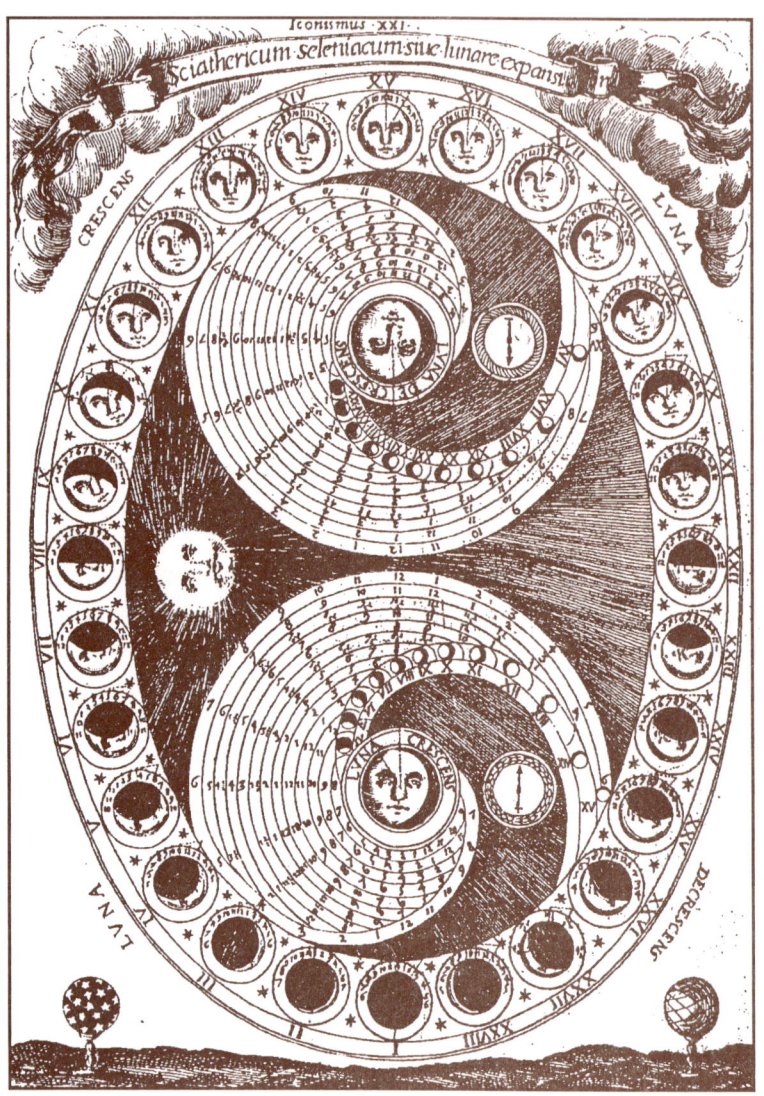

Es geht los!

Gehen wir jetzt einmal davon aus, daß Sie bereits aktiv waren und sämtliche „Hilfsmittel" und „Zutaten" schon zur Hand beziehungsweise zu Hause haben. Vielleicht sind Sie auch schon ungeduldig, weil Sie sich nun endlich dem praktischen Teil Ihrer „Hexendiät" widmen möchten.

Alles in allem betrachtet, erwartet Sie hierbei kein allzu großer Streß – vorausgesetzt, Sie erzeugen ihn nicht selbst! Gut und schön - die ersten Tage mögen vielleicht ein wenig mehr an Zeit in Anspruch nehmen, weil alles noch neu und ungewohnt für Sie ist und weil Sie immer wieder nachlesen müssen, was genau zu tun ist. Aber Sie werden sehen, daß Sie im Verlauf dieser vier Wochen immer weniger Zeit einkalkulieren müssen, weil Sie irgendwann auswendig wissen, was genau wann, wie und wo zu tun ist. Außerdem halten wir hinten im Buch eine Zusammenfassung bereit, die Ihnen bei der Durchführung der Diät helfen wird.

Es bleibt selbstverständlich Ihnen auch überlassen, wann und wo Sie Ihre magische Arbeit durchführen wollen - Hauptsache, Sie sind völlig ungestört, denn oberstes Gebot ist - wie Sie bereits wissen - konzentriertes Handeln! Was aber wiederum nicht bedeutet, daß Sie alleine arbeiten müssen, wenn Sie das nicht wünschen! Es kann ja durchaus sein, daß Sie eine/n Gleichgesinnten um sich haben - oder auch mehrere -, mit denen zusammen Sie sich ans Werk machen möchten!

Das ist das keine schlechte Sache, denn für viele Menschen ist es leichter, etwas Neues im Kreise vertrauter Menschen auszuprobieren. Und dann kann "Gruppenarbeit" sogar motivierend wirken!

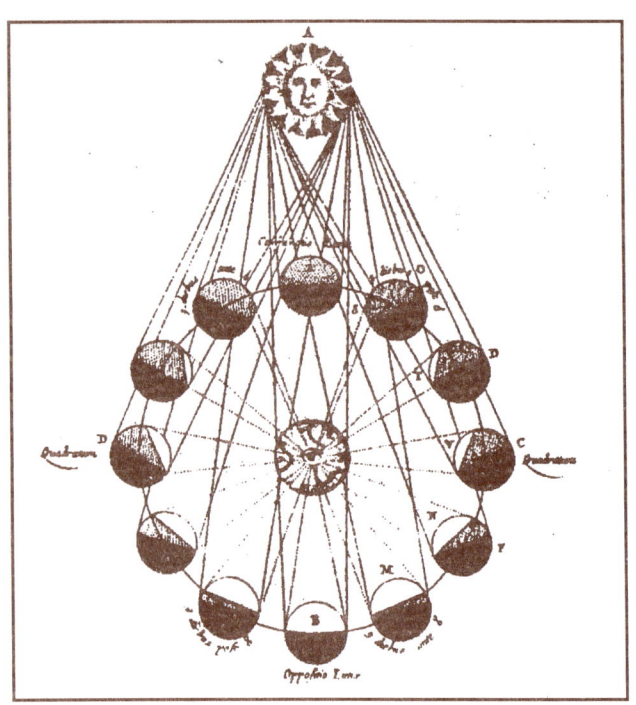

Steine und Mineralien

R e i n i g u n g

Bevor ich Ihnen erzähle, wie Sie in den nächsten Wochen die Hexendiät auf sinnvolle Weise mit Ihren Steinen unterstützen können, möchte ich Ihnen ein paar wichtige Informationen zu diesem Thema geben - was es mit diesen schönen Steinen so auf sich hat, wie sie im einzelnen wirken und weshalb es so wichtig ist, diese wertvollen Helfer bei Ihrer Diät regelmäßig zu reinigen! Schließlich sollten Sie die Hintergründe Ihrer „Rituale" verstehen.

Merken Sie sich bitte:

Eine regelmäßige Reinigung der Steine ist unbedingt notwendig!

Man unterscheidet hierbei zwei Arten der Reinigung: eine im Sinne von „Schmutzentfernung", auch energetischer Schmutzentfernung, und eine zweite Form, die einem rituellen (magischen) Zweck dient!

Die Säuberung ist deshalb von großer Bedeutung, weil Steine – Edelsteine, Halbedelsteine und andere Mineralien, die meist auch für Heilzwecke eingesetzt werden, - ständig Energien aus ihrer Umgebung aufnehmen (meist negative!) und diese Energien dann irgendwann wieder auf ihre Umgebung abstrahlen -

oder auf den jeweiligen Menschen, der sich dort aufhält!

Dieses „Abstrahlen" findet spätestens immer dann
statt, wenn die „Aufnahmekapazität" der Steine er-
schöpft ist. Sprich: Wenn ein Stein nicht mehr imstande ist, die Energie seiner Umgebung aufzunehmen!
Das bedeutet: der Stein würde dann genau zu diesem
Zeitpunkt die gesamte gespeicherte negative Energie
auf Sie und Ihr Umfeld abstrahlen, und im Extremfall
würden Sie die gesamte negative Energie in sich aufnehmen – je nach Ihrer momentanen seelischen, körperlichen und geistigen Verfassung!

In der Regel handelt es sich, wie schon erwähnt,
um negative Energien - entweder Ihre eigenen, die
aus Ihrer unmittelbaren Umgebung, oder um jene, die
noch vom Vorbesitzer oder seinem Geschäft an den
Steinen haften. Diese negativen Energien sind für die
Steine schädlich, - und ebenso für Sie! Und genau
deshalb müssen Sie dafür sorgen, daß diese negativen Energien möglichst schnell wieder verschwinden!

Falls Sie sich nun fragen: „Hm...schön und gut...
aber was bitte kann denn schon geschehen, wenn ich
diese negativen Energien „abkriege"? Ich kann sie
weder sehen noch hören oder fühlen...dann wird es
wohl nicht soo schlimm sein...oder?"

F a l s c h !

52

Stellen Sie sich vor, daß einer der Steine, den Sie gerade eben erworben haben, kurze Zeit zuvor als Heilstein für einen Schwerkranken diente! Selbst wenn dieser Stein „nur" im Krankenzimmer lag, ohne von dem Patienten berührt zu werden, ist er geradezu „angereichert" mit der Energie des Kranken. Lassen wir unserer Phantasie freien Lauf und spinnen diesen Faden weiter. Dieser Kranke ist gestorben - womöglich noch im selben Zimmer. Und die Energie eines Sterbenden hat es in sich! Und ganz sicher hat sie keine gute Wirkung auf den gesunden Körper eines anderen Menschen! Und nun sind die Steine bei dem Händler gelandet, bei dem Sie Ihre Steine gekauft haben! Der Stein hat dann, „angereichert" mit dieser Energie, neben vielen anderen seiner „Artgenossen" gelegen und diese Energie an die neben ihm liegenden abgegeben...

O.k. - das war das erste Beispiel, und ich denke, Sie können jetzt schon nachvollziehen, warum mir soviel daran liegt, daß Sie Ihre Steine ordentlich reinigen!

Ein anderes Beispiel:

Denken Sie mal daran, was wäre, wenn einer Ihrer Steine sich, bevor Sie ihn ekamen, eine Zeitlang in der „Obhut" eines magisch arbeitenden Menschen befunden hätte, wobei man dabei nicht immer davon ausgehen darf, daß dieser Mensch lediglich mit den guten, positiven Mächten im Bunde war! Man kann sich durch solche Energien eine Menge mentalen Ärger einhandeln, denn mitunter haften auch noch die dazugehörigen mentalen Wesen an diesem Energiestrom!

Wie auch immer! Selbst wenn Ihre Steine über viele Jahre hinweg einzig und alleine auf jenem Regal in der hintersten Ecke des düsteren Ladens herumgelegen haben, in dem Sie dann doch noch „fündig" wurden und diese Steine aus ihrem jämmerlichen Dasein befreiten, wären sie mit negativen Schwingungen „angereichert"! Und auch wenn ich mir sicher bin, daß diese Steine Ihnen für diese Befreiung aus der Dämmerung auf ihre Weise sehr dankbar wären, zumal die meisten Steine einen hellen Platz „bevorzugen", sind sie doch mit dieser negativen und sicherlich auch sehr traurigen Energie geladen, die dann in Ihrer Wohnung wieder abgestrahlt werden würde!

Nun – wie fühlen Sie sich bei diesem Gedanken?

Jetzt verstehen Sie sicher, wie wichtig die Reinigung eines Steines ist, denn negative Schwingungen können sich sehr unangenehm auf sensible Menschen (auch auf Tiere und Pflanzen) auswirken, und das auf recht unterschiedliche Weise! Beim Menschen beispielsweise in Form von Kopfschmerzen,

Schlaflosigkeit, Nervosität, bis hin zu beklemmenden Empfindungen. Die Palette der Auswirkungen nicht gereinigter Steine ist breit, weil diese - wie die gereinigten auch - auf die Energiezentren des menschlichen Körpers wirken. Ein Stein vermag in vielfältiger Weise auf Seele, Körper und Geist einzuwirken – durch seine Farbe, seine Form, seine chemische Zusammensetzung sowie durch die „Informationen" - positive oder negative - die in ihm vorübergehend „gespeichert" sind oder die ganz einfach seiner Natur entsprechen.

Es macht daher keinen Sinn, wenn Sie mit Steinen „arbeiten", aber dabei nicht berücksichtigen, daß es sich dabei um intensiv wirkende Hilfsmittel handelt, die entsprechend gepflegt sein wollen.

Viele dieser edlen Steine werden nicht umsonst mit großem Erfolg in der Steinheilkunde zum Einsatz gebracht oder für Körperenergiearbeit verwendet!

Wie Sie wahrscheinlich wissen, ändert sich die Energie eines Menschen ständig! Mal hat man zuviel, mal zu wenig, dann wiederum fühlt man sich krank oder depressiv, und ein anderes Mal möchte man sich geistig gezielt aktivieren.

Steine können negative Energien eines Menschen in sich aufnehmen und ihn dadurch „befreien" oder „ent-

lasten" sie können fehlende Energie oder einen Über-
schuß an Energie in unserem Körper ausgleichen
(harmonisieren); und sie können Energie an uns abgeben – positive, aber auch negative! Und deshalb ist
es so wichtig, wie Sie ihn reinigen und wie Sie ihn danach wieder „laden"!

Man kann Steine auch ganz bewußt „entladen", „
aufladen" und/oder sie mit bestimmten Informationen „programmieren", wobei die Tageszeit keine Rolle
spielt. Dabei kann es durchaus nützlich sein, ist aber
nicht unbedingt erforderlich, sich nach dem Stand der
Sonne oder dem des Mondes zu richten! Sonnen-
energie wirkt kraftvoll, die des Mondes eher subtil.
Doch auch hierfür gibt es keine strengen Regeln, und
man tut gut daran, seine innere Stimme mitentschei-
den zu lassen, welche der zur Verfügung stehenden
Energien einem geeignet erscheinen.

Sie dürfen sich beim „Entladen" oder „Aufladen"
der jeweiligen Steine also durchaus der Kraft des
Mondes oder der Sonne bedienen, wenn Sie es so
wünschen und wenn Sie Zeit haben, auf den hierfür
geeignetsten Tag zu warten!

Zurück zu den Vorbereitungen zur „Hexendiät".

Sie können Ihre Steine bereits vor Beginn des Neumondes - jenem Zeitpunkt, an dem Sie die „Hexen-

diät" beginnen - reinigen und sie danach solange in einer Glasschale an einem geschützten Ort aufbewahren, bis sie gebraucht werden! „Geschützt" deshalb, weil kein anderer außer Ihnen die gereinigten Steine berühren sollte! Geschieht das doch, weil es für andere Menschen erfahrungsgemäß immer eine faszinierende Angelegenheit ist, anderer Leute Steine in die Hand zu nehmen, um sie besser betrachten zu können, sollten Sie die Steine natürlich erneut vom Einfluß der „fremden" Energien befreien!

Die Steine sollen ausschließlich nur Ihre Schwingungen in sich tragen und mit Ihren Informationen „gespeichert werden - mehr dazu später!

Reinigungsverfahren

Wichtig!

Bitte niemals Reinigungsmittel oder andere chemische Keulen benützen! Solche Mittel beeinflussen die natürlichen Schwingungen Ihrer Steine auf sehr negative Weise und machen sie noch dazu stumpf und unansehnlich!

Auch verträgt nicht jeder Stein Wasser, beispielsweise ein Calcit mit Pyriteinlagerungen (siehe nächste Seite).

Methode Nr. 1

Waschen Sie Ihre Bergkristalle unter fließendem, kalten Wasser solange, wie Sie selbst es für gut und richtig halten. Ihre Intuition wird Sie schon wissen lassen, wieviel Zeit Sie sich dafür nehmen sollen! Lassen Sie die Steine dann einfach „lufttrocknen".

Danach verfahren Sie auf gleiche Weise mit Ihrem Magnesit, Sodalith, Jaspis rot und braun und dem Goldfluß. Sollten Sie in Besitz von Calcitsteinen sein, legen Sie diese Stücke lediglich zur mentalen „Reinigung" auf das Fensterbrett ins Mondlicht, denn meist zeigt der Calcit Einlagerungen (beispielsweise von Pyrit), und metallhaltige Mineralien sollten nicht mit Wasser in Berührung kommen, da ihre Schönheit und auch ihre Energie darunter leiden. Natürlich dürfen Sie diese Steine von Staub befreien, falls nötig - das können Sie sehr gut mit einer weichen Bürste machen.

Allerdings ist die Reinigung dieser Steine nicht abhängig von den Zyklen des Mondes. Es macht allerdings auch keinen Sinn, die Steine ausgerechnet bei Neumond auf die Fensterbank zu legen, doch ich denke, das muß ich nicht extra erwähnen!

Methode Nr. 2

Nehmen Sie eine große Glasschale oder, noch besser, eine aus Bleikristall, und stellen Sie eine kleinere Schale aus demselben Material hinein. Füllen Sie das kleinere Gefäß mit Wasser und schütten Sie dann Meersalz in die große Schüssel, so daß das Salz beinahe den oberen Rand der kleinen Schüssel erreicht!

Salz absorbiert die negativen Schwingungen edler Steine, auch wenn diese in einer anderen Schüssel im Wasser liegen und gar nicht erst mit dem Salz in Berührung kommen. Das sollen sie auch gar nicht, weil Salz in Kontakt mit den Steinen eine chemische Reaktion auslösen könnte – mit der Folge, daß die positive Wirkung Ihrer Steine nachläßt und die Schönheit der Steine darunter leidet!

Lassen Sie Ihre Steine maximal sieben Stunden in dieser „Salz-Wasser-Schüssel" liegen!

Methode Nr. 3

Legen Sie Ihre Steine über Nacht ins Gefrierfach!

Nein, das ist kein Scherz! Vielmehr ist es so, daß diese niedrigen Temperaturen negative Schwingungen kurzerhand vernichten und der Schönheit und Wirksamkeit Ihrer Steine nicht schaden.

Methode Nr. 4

Kaufen Sie sich eine Tüte mit Hämatitsplittern!

Geben Sie diese Splitter in eine Glas- oder Kristallschüssel und legen Sie dann die Steine, die Sie reinigen möchten, über Nacht in die Hämatitsplitter. Ihre Steine dürfen dabei ruhig von den Splittern bedeckt sein! Aber - natürlich erst, nachdem Sie auch die Hämatite gereinigt haben!

Wie oft sollten Sie Ihre Steine reinigen?

Für die Rituale dieser Hexendiät reicht es völlig aus, wenn Sie Ihre Steine - außer dem roten und braunen Jaspis - jeden dritten Tag reinigen. Aber es liegt selbstverständlich ganz in Ihrem Ermessen, es öfter zu tun! Bitte denken Sie daran, die Steine nach der Reinigung wieder zu „laden" oder - je nachdem - sie wieder mit Ihren Wünschen zu programmieren, die ja durch das Reinigen „gelöscht" wurden!

Der rote und der braune Jaspis liegen ohnehin immer in einem Glas Wasser, und Sie spülen die beiden Steine sicherlich jeden Tag ab, nachdem Sie das Steinwasser getrunken haben. Danach werden die Steine auf einem Teller auf die Fensterbank gelegt, um sich im Licht des Tages neu mit Energie aufzuladen.

Die rituelle Reinigung

Hierfür benötigen Sie Räucherwerk in Form von Weihrauch, und/oder Salbei, und/oder Sandelholz, weil die Schwingungen dieser Kräuter hierfür am besten geeignet sind. Diese Kräuter beseitigen jede Form von negativer Energie!

Für eine rituelle Reinigung brauchen Sie ein feuerfestes Gefäß, ein großes Stück Räucherkohle, Kerzen - am besten weiße, eine weiße Unterlage für das Räuchergefäß, und - Zeit!

Geben Sie das große Stück Räucherkohle in das feuerfeste Gefäß, zünden Sie die Kohle an und dann auch die Kerzen (drei, sechs, neun oder zwölf), die Sie rings herum um das Gefäß für die Kräuter aufgestellt haben. Wenn die Kohle gut glimmt, werfen Sie die Kräutermischung auf die Kohle und warten, bis der Rauch der Kräuter aufzusteigen beginnt. Nun nehmen Sie einen Stein nach dem anderen in die Hand und führen ihn mit kreisenden Bewegungen durch den Rauch der Kräuter, wobei Sie sich gedanklich vorstellen, wie alle negativen Energien von diesem Stein genommen werden. Sie können dieses Ritual gleichzeitig auch dazu benutzen, jedem Ihrer Steine gedanklich „mitzuteilen", was Sie von ihm wünschen beziehungsweise welchen Zweck er für Sie in nächster Zeit zu erfüllen hat. Und Sie können sich selbstverständlich auch wieder bei diesen „Helfern" für die wertvolle Unterstützung bedanken. Glauben Sie bitte nicht, das sei albern, denn schon alleine diese freundliche, gedankliche „Geste" baut positive Schwingungen auf - zwischen Ihnen und Ihren Steinen!

Natürlich gibt es noch eine ganze Menge anderer Methoden, Ihre Steine zu reinigen oder mental zu „säubern", aber ich denke, für unsere Diät reichen meine Vorschläge aus!

Aufladen und Einstimmen auf Ihre persönliche Energie

Die Steine sind nun einer gründlichen Reinigung unterzogen.

Nun ist es an der Zeit, sie auf Sie beziehungsweise auf Ihre Energie einzustimmen. Dazu brauchen Sie jetzt etwas Zeit - vielleicht ein bis zwei Stunden!

Sorgen Sie dafür, daß Sie während dieser Zeit nicht gestört werden!

Legen Sie Ihre Meditations-CD auf oder die Kassette in den Rekorder und stellen Sie eine Lautstärke ein, die Ihnen angenehm erscheint und die Sie, während Sie mit Ihren Steinen „arbeiten", nicht in Ihrer Konzentration stören wird.

Sollten Sie zu den Menschen gehören, für die Zeit keine Rolle spielt, weil sie genügend davon zur Verfügung haben und noch dazu eine gewisse Schwäche für stimmungsvolle und ausgiebige Rituale haben - im Gegensatz zu mir, die ich eher zu den sachlichen Typen gehöre - dürfen Sie selbstverständlich auch jetzt wieder Ihrer Phantasie freien Lauf lassen und erst einmal in aller Ruhe und Gemütlichkeit den für Sie passenden „Rahmen" in Ihrem Zimmer schaffen!

Entzünden Sie ruhig einige weiße oder gelbe Kerzen (drei, sechs, neun oder zwölf, vierundzwanzig, sechsunddreißig und so weiter an der Zahl - wenn schon, denn schon), denn diese Dreierzahlen symbolisieren unter anderem Harmonie und Glück. Denken Sie in diesem Zusammenhang auch an die Lehre von Feng-Shui, die im weitläufigen Sinne nichts anderes darstellt als eine Form der Magie des Fernen Ostens!

Sollten Sie mit dieser Lehre bereits vertraut sein, wählen Sie für das bevorstehende Ritual ruhig das entsprechende Bagua (Bereich) in Ihrer Wohnung! Und selbstverständlich steht es Ihnen auch frei, Ihr Zimmer vorher mit Hilfe von Räucherwerk von negativen Energien oder sonstigen Einflüssen zu befreien, worauf ich persönlich großen Wert lege, bevor ich mit magischen Praktiken beginne. Empfehlenswert hierfür sind auch hier Sandelholz, Salbei und/oder Weihrauch - egal in welcher Form, aber bitte von guter Qualität!

Aber diese Düfte sind nicht jedermanns oder jederfraus Geschmack, und wenn diese Gerüche Ihnen eher zuwider als angenehm sind, wählen Sie ganz einfach jene Düfte, die ihren Geruchssinn nicht beleidigen und Ihrem persönlichen Geschmack mehr entsprechen. Sie können auch gerne das Zimmer mit einem Ihrer Lieblingsöle beduften – ganz, wie es Ihnen gefällt! Das ist nicht unwichtig, denn, einer magischer Regel entsprechend, sollten Sie niemals etwas tun, das Ihnen in Ihrem tiefsten Inneren in irgendeiner Weise widerstrebt! Und Sie sollten sich auch nicht mit Dingen/Gegenständen/Düften etc. umgeben, die Ihnen Unbehagen bereiten! Handeln Sie niemals gegen Ihre Intuition, sondern umgeben Sie sich bei der Arbeit immer mit angenehmen, harmonischen Dingen.

Für den Erfolg Ihrer magischen Arbeit ist es wichtig, daß Sie, während Sie sich mit dem Schlankwerden befassen, sich möglichst wohl und ausgeglichen fühlen.

Wenn Sie alle „Vorbereitungen" für einen ansprechenden Rahmen getroffen haben und sich völlig sicher sind, nicht gestört zu werden, suchen Sie sich ein möglichst bequemes Plätzchen am Fußboden aus und beginnen Sie damit, die Kerzen aufzustellen - in welcher Formation bleibt Ihnen überlassen. Danach legen Sie Ihre Bergkristalle in eine Art Kreis (wenn Sie genügend davon besitzen!), aber bedenken Sie hierbei, daß Sie anschließend noch ausreichend Platz zum Sitzen innerhalb dieses Kreises finden müssen.

Sie sollten, wenn Sie sich im Schneidersitz in diesem „Kreis" auf dem Fußboden niedergelassen haben, die Kristalle in einem Abstand von ungefähr fünfzehn Zentimetern zu Ihrem Körper neben sich liegen haben. Wenn Sie vielleicht „nur" drei Bergkristalle zur Verfügung haben, ist das auch nicht weiter tragisch! Dann könnten Sie die Kristalle folgendermaßen hinlegen:

Einen der Steine legen Sie links neben sich, den anderen rechts und den dritten direkt vor sich auf den Boden. Doch auch hierbei ist die Stimme Ihrer Intuition maßgebend.

In diesen „Kreis" legen sie jetzt noch all die anderen Steine hinein - einschließlich der großen Calcite, falls Sie welche besitzen - die Sie wegen ihrer Größe am zweckmäßigsten irgendwo hinter sich auf den Boden plazieren können!

Die Calcite sollten Sie vorher - im Licht des Mondes – gereinigt haben, zumal diese ja nicht mit Wasser in Berührung kommen dürfen, wie Sie inzwischen wissen!

Nun sitzen Sie in einem „Kreis" aus Kerzen und Steinen.

Sie sitzen ruhig und entspannt, atmen tief und langsam durch die Nase ein und aus und betrachten die Steine, die vor Ihnen ausgebreitet auf dem Boden beziehungsweise im „Kreis" drapiert um Sie herumliegen. Nun schließen Sie die Augen und atmen weiter ganz bewußt tief und regelmäßig ein und aus. Solange, bis Sie durch diese kontrollierte Atmung innerlich ruhig geworden sind, denn das richtige Atmen verhilft uns zu innerer Ruhe, und die ist für mentales Arbeiten sehr wichtig. Wenn Sie glauben, sich ruhig und ausgeglichen genug zu fühlen, öffnen Sie die Augen.

Reiben Sie jetzt Ihre Handflächen kräftig aneinander, so wie Sie es sonst vielleicht tun, wenn Ihnen im Winter die Hände vor Kälte steifgefroren sind. Reiben Sie Ihre Hände ungefähr eine Minute lang, dann halten Sie sich die Hände im Abstand von ungefähr zwanzig Zentimetern vors Gesicht und pusten ganz sanft in die wieder geöffneten Handflächen. Tun Sie das dreimal hintereinander, mit langen Atemzügen. Damit sensibilisieren Sie Ihre Handinnenflächen, was Sie sehr viel empfänglicher für den Energiefluß Ihrer Steine macht, die Sie nun nacheinander in die Hand nehmen! Sie sollen ja lernen, diese Energien zu fühlen und irgendwann voneinander zu unterscheiden.

Normalerweise müßte sich genau zu dem Zeitpunkt, an dem Sie in Ihre Handflächen pusten, ein sanftes Kribbeln in Ihren Händen eingestellt haben! Falls nicht, ist das aber auch nicht weiter tragisch und *absolut kein Grund zur Panik. Es wird schon werden! Es ist mitunter nur eine Frage der Übung, um dieses Gefühl hervorzurufen!*

Entweder versuchen Sie es sofort noch einmal, oder Sie belassen es vorerst dabei und akzeptieren, daß es diesmal eben noch nicht so „gekribbelt" hat, wie es hätte kribbeln sollen. Sie können trotzdem fortfahren.

Nehmen Sie nun den Magnesit (der grauweiße, knollenartige Stein mit den dunkelgrauen „Adern"), den Sodalith (ein schöner dunkelblauer Stein), den roten und braunen Jaspis und nicht zu vergessen das kleine Stück Goldfluß in die linke Hand - ich bin mir sicher, daß der Platz in Ihrer Hand für diese Steine ausreichen wird!

Schließen Sie wieder die Augen, während Ihre linke Hand sich jetzt ungefähr in Höhe Ihres Rippenbogens beziehungsweise direkt vor Ihrem Solarplexus befinden sollte (das ist jene Stelle Ihres Körpers, an der die beiden Rippenbögen zusammenlaufen). Konzentrieren Sie sich nun voll und ganz auf die Steine in Ihrem Handteller!

Versuchen Sie, alle anderen Gedanken auszuschalten! Konzentrieren Sie sich nur noch auf diese Steine und auf das, was Sie in Ihrer Handfläche fühlen. Aber dieses Gefühl, das sich jetzt vielleicht ein-

stellt, muß sich nicht zwangsläufig nur auf Ihre Hand-
flächen beziehen, es kann auch in Ihrem Kopf zu spü-
ren sein oder an einer anderen beliebigen Stelle Ihres
Körpers! Bei manchen stellt sich ein intensives Gefühl
in der „Magengrube" ein, denn der Solarplexus rea-
giert sehr gut auf den Einfluß verschiedener Steine.

Legen Sie nach einer Weile Ihre rechte Hand wie
schützend über Ihre linke, aber so, daß Sie mit der
Rechten die Steine nicht berühren. Atmen Sie tief und
gleichmäßig durch und horchen Sie dabei in sich hin-
ein. Selbst wenn Sie „ungeübt" sind oder weniger sen-
sibel als Sie es vielleicht wünschen, werden Sie nach
einigen Minuten eine oder mehrere neue Empfindun-
gen spüren. Diese können natürlich sehr unterschied-
lich ausfallen, aber das hat vorerst nichts zu bedeuten!

So kann es beispielsweise sein, daß sich ein Ge-
fühl wohliger Wärme in Ihren Händen ausbreitet, oder
Sie spüren diese Wärme überall in Ihrem Körper, die
sich sogar bis hin zu Hitze steigern kann! Oder aber
genau das Gegenteil ist der Fall - nämlich Kühle oder
sogar ein Gefühl von Kälte könnte spürbar sein! Viel-
leicht nehmen Sie aber auch eine Art von Vibrieren in
Ihren Händen wahr, oder wieder dieses leise, kaum
wahrnehmbare Kribbeln, falls Sie es bereits zu Beginn
gespürt haben. Diesmal könnte es sogar Ihren ge-
samten Körper durchlaufen. Oder Sie glauben wo-

möglich, einer der Steine versuche gerade, sich in Ihren Handteller regelrecht „hineinzuarbeiten".

Ob es sich bei all diesen Empfindungen um objektive oder subjektive Gefühle handelt, läßt sich nicht so ohne weiteres beantworten.

Sind es nun Schwingungen, Energieströme, oder spielt Ihnen gerade im Augenblick Ihre Phantasie einen Streich und Sie bilden sich womöglich nur ein, daß Sie gerade irgendwelche „Impulse" empfangen?
Vielleicht sollten Sie speziell in diesem Fall ausnahmsweise nicht versuchen, eine rein logische Erklärung zu finden, denn Empfindungen kann man nicht logisch erklären.
Und letztlich spielt es auch keine entscheidende Rolle, wie Sie gerade was empfinden, wo es stattfindet, oder weshalb das so ist! Sie fühlen! - Sie sind fähig, diese Empfindungen wahrzunehmen! Akzeptieren Sie sie einfach und hinterfragen Sie sie nicht!

Und jetzt wollen wir uns wieder den Steinen und Ihrem Ritual widmen.
Konzentrieren Sie sich abermals auf die Energie, die zwischen Ihnen und den Mineralien in Ihrer Hand hin- und herzuschwingen scheint, und lassen Sie dieses Gefühl noch einmal in aller Deutlichkeit in Ihrem Körper zu und freuen Sie sich darüber!

Sie haben ganz offensichtlich „Kontakt" zu Ihren Steinen gefunden, und das bedeutet immerhin, daß Sie ein sensibler Mensch sind, dessen Gefühle und Intuitionen noch nicht im Dschungel der Oberflächlichkeit und in der Schnellebigkeit unserer Zeit verloren gegangen sind!

Nun öffnen Sie wieder die Augen und legen die Steine vor sich auf den Boden. Mit jedem dieser Steine, mit denen Sie gerade zum erstenmal in Kontakt standen, werden Sie in nächster Zeit ganz unterschiedliche Erfahrungen sammeln. Diese schönen und doch so wirkungsvollen Steine sind jetzt „offiziell" zu Ihren freundlichen Helfern für die nächsten Wochen geworden - oder, wenn Sie es möchten - für immer!

Nun legen Sie die Steine aus der Hand, reiben abermals Ihre Handflächen aneinander, pusten wie gehabt ganz sanft in die Innenflächen Ihrer Hand und greifen nun erneut zu Ihrem Magnesit, um ihn etwas näher kennenzulernen. Legen Sie ihn in die linke Hand und umschließen Sie ihn! Das werden Sie anschließend auch mit den anderen Steinen tun! Sie können sich dabei auch nochmals genau durchlesen, wozu die Steine dienen, und dann die Steine einzeln in die Hand nehmen, um ihre Energien zu fühlen und sie unterscheiden zu lernen. Sie sollten jeden Ihrer Steine kennen beziehungsweise seine „Funktion" auswendig wissen!

Den **Magnesit** werden Sie sich für die Dauer der nächsten vier Wochen umhängen – egal, ob nun an einer *langen* Gold- oder Silberkette oder an einem entsprechend *langen* Lederband. Er sollte direkt auf Ihrem Solarplexus liegen.

Allerdings müssen Sie noch eine Entscheidung für sich treffen: Wollen Sie diesen Stein lieber bei Tag tragen oder bei Nacht? Denn auch Steine bedürfen jeden Tag einige Stunden der Ruhe, um negative Energien, die Sie an Ihre Steine abgegeben, durch neue, positive Energien zu ersetzen! Hierzu muß ich Ihnen allerdings noch folgendes sagen: Der Magnesit trägt dazu bei, Ihre Nierentätigkeit anzuregen - wirkt also entwässernd! Das sollten Sie berücksichtigen, und Sie müssen selbst für sich herausfinden, wie stark dieser Stein bei Ihnen wirkt! Es macht keinen Sinn, ihn nachts tragen zu wollen, wenn das beispielsweise bedeutet, daß Sie alle drei bis vier Stunden aufstehen müssen, um die Blase zu entleeren. Und da Sie den Magnesit an einer langen Kette tragen sollen, die genau über dem Solarplexus endet, ergibt sich folglich ein kleines Problem, wenn Sie diesen Stein beim Schlafen tragen möchten. Bliebe aber noch die Möglichkeit, den Stein mit hautverträglichem Pflaster aufzukleben. Aber entscheiden Sie selbst, was Ihnen am sympathischen erscheint. Hauptsache, Sie tragen Ihren Magnesit ungefähr zehn bis zwölf Stunden pro Tag - damit er bestmöglichst wirken kann!

Nun zur Reinigung dieses Steines: Wenn Sie Ihre Sache ganz korrekt machen wollen, dann halten Sie den Stein, den Sie am Körper getragen haben, unter fließendes, lauwarmes Wasser, bevor Sie ihn für die Zeit seiner „Ruhephase" direkt auf oder neben einen Bergkristall legen. Aber achten Sie darauf, daß er direkten Kontakt zum Kristall hat, denn dann hat er die beste Chance, sich wieder aufzuladen!

Achten Sie bitte genau darauf, daß Sie den Magnesit auch tatsächlich „richtig" tragen. Im Zusammenhang mit der Hexendiät ist es wichtig, daß dieser Stein genau auf Ihrem Solarplexus liegt und Sie ihn direkt auf der Haut spüren! Er dient also nicht dazu, Sie zu schmücken, sondern ausschließlich dazu, Sie bei ihrem Vorhaben, schlank zu werden, zu unterstützen, indem er Ihre Nieren aktiviert und Ihnen ganz enorm dabei hilft, überschüssige Wasseransammlungen aus dem Körper zu schwemmen. Betrachten Sie den Magnesit während Ihrer Meditation in aller Ruhe und bitten Sie ihn gedanklich um Unterstützung bei Ihrem Vorhaben, schlank zu werden.

Nun zum **Sodalith**!

Dieser Stein wird während der Zeit Ihrer Hexendiät an einer *kurzen* Kette (oder wahlweise an einem Lederband) getragen. Die Kette sollte knapp am Hals anliegen - aber dennoch lang genug sein, um Sie am Hals nicht einzuengen! Betrachten Sie diesen Stein genau, denn er wird Ihnen helfen, „offen" zu sein für eine sehr „feine" Energie, die Sie hilfreich bei der Durchführung Ihrer Rituale unterstützt.

Auch dieser Stein soll nur einen halben Tag getragen werden, danach können Sie ihn ebenfalls unter fließendes Wasser halten, um ihm dann für den Rest der Zeit ebenfalls Gelegenheit zum „Ruhen" und „Aufladen" zu gewähren!

Auch ihn legen Sie bitte auf, neben oder zwischen Ihre Bergkristalle!

Die beiden **Jaspis** Steine!

Sie sind dazu gedacht, Ihren Stoffwechsel sozusagen auf „Touren" zu bringen und Ihre Verdauung „ anzukurbeln", denn sicherlich verdanken Sie einen Teil Ihrer überflüssigen Pfunden nicht zuletzt Ihrem träge gewordenen Darm, der im Verlauf der Jahre, womöglich durch den Gebrauch von zahlreichen Abführmitteln, ziemlichen Schaden erlitten haben dürfte.

Doch hierfür bedarf es Unterstützung von „innen"! Das bedeutet aber nicht, daß Sie diese Steine jetzt schlucken müssen!

Spaß beiseite! Sie werden lernen, wie man sich *Steinwasser* zubereitet!

Hierfür legen Sie die beiden Steine (gemeinsam) - den roten und den braunen! - über Nacht in ein Glas Wasser ohne Kohlensäure! Dieses Getränk, das ziemlich neutral schmeckt, wird das erste sein, das Sie jeden Morgen gleich nach dem Aufstehen zu sich nehmen! Vielleicht stellen Sie das Glas mit dem „Steinwasser" sogar neben Ihr Bett, damit die Zeitspanne bis zum Zähneputzen und zum Frühstück nicht zu kurz ist. Stellen Sie das Glas auf eine schwarze Unterlage - aus Stoff, Papier, Leder, Porzellan oder anderem Material. Aber bitte vermeiden Sie Plastik! Die Farbe Schwarz gibt ebenfalls Energie an das Steinwasser ab und sorgt dafür, daß Sie Ihr mentales Ziel nicht aus den Augen verlieren!

Wenn Sie das Wasser getrunken haben, waschen Sie die Steine mit fließendem Wasser ab und legen Sie sie auf einen weißen Teller auf ein Fensterbrett, damit sie tagsüber dem Licht der Sonne ausgesetzt sind und sich mit ihrer Energie „aufladen"! Dabei ist es nicht notwendig, daß die Sonne tatsächlich scheint. Es geht einzig und alleine um das Tageslicht, das von der Sonne erzeugt wird.

Nun noch eine kleine „Extra-Aufgabe" für Sie! Schreiben Sie bitte auf die Unterseite der schwarzen Unterlage für Ihr Glas mit Steinwasser folgenden Satz, - mit weißem oder goldenem Stift - je nachdem, was Sie gerade zur Verfügung haben:

Ich will, daß alles, was an Überfluß in und an meinem Körper vorhanden ist, sich auf gesunde und natürliche Weise von mir trennt!

Goldfluß!

Dieser wunderbare Stein wird Ihnen schon beim Berühren vermitteln, wieviel Kraft in ihm steckt! Er wird Sie seelisch und moralisch unterstützen und ebenfalls als eine Art „Verdauungsbeschleuniger" wirken. Diesen Stein tragen Sie am besten tagsüber bei sich – egal, ob nun in der Jacken- oder Hosentasche. Aber bitte nicht um den Hals, da gehört er im Zusammenhang mit dieser Diät nicht hin!

Nun sind Ihre **Bergkristalle** an der Reihe!

Nehmen Sie zuerst den in die Hand, der Ihnen am besten gefällt, und lassen Sie ihn wirken! Er ist zweifelsohne ein sehr mächtiger Stein, der sich schon vor Tausenden von Jahren großer Beliebtheit erfreute. Er war/ist noch immer der Stein der Magier! Aber er vermag im Menschen unter anderem auch seelische Blockaden zu lösen, ihn mit positiver Energie versorgen, in einem Raum ein sehr gutes und starkes Energiefeld aufbauen, Harmonie im Inneren seines Besitzers schaffen und - er verstärkt die Energie aller anderen Steine, die man auf oder zu ihm legt! Der Bergkristall wird auch Harmonie und Ruhe in Ihrem Inneren schaffen, denn wer sich mit einigen Pfunden zuviel herumplagt, ist weder seelisch noch körperlich ausgeglichen – meistens jedenfalls! - noch ist er eins mit sich und seiner Umwelt! Auch beim Thema Übergewicht geht es um Ursache und Wirkung, folglich macht es auch Sinn, wenn man versucht, anhand passender Hilfsmittel die „Schwachpunkte" im Verhalten aufzustöbern und auszugleichen. Dieser Stein kann hierbei viel für Sie tun!

Calcite!

Diese Steine stimmen Sie sehr aktiv, nehmen Ihnen sozusagen Ihre Gemütlichkeit, der Sie ja letztendlich - meistens - Ihr Übergewicht zu verdanken haben. Sie werden sich fit und unternehmungslustig fühlen und kaum noch Lust haben, stundenlang bewegungslos „herumzuhängen"!

Außerdem bauen Calcite - ebenfalls wie Bergkristalle - ein sehr starkes, positives Energiefeld im Raum auf und wirken schon deshalb ungemein belebend auf Menschen, die sich im Umfeld dieser Steine bewegen. Deshalb sollten Sie diese Steine auch nicht unbedingt in Ihr Schlafzimmer legen! Ein Bergkristall im Schlafzimmer - dagegen ist nichts einzuwenden, aber bereits ein großer Calcit oder gar mehrere könnten Sie Ihres Schlafes berauben, weil diese Steine einen Menschen hyperaktiv machen können. Ihr Büro oder das Wohnzimmer wären deshalb sicherlich geeignetere Orte für diese Steine, aber lassen Sie sich bitte auch hierbei wieder von Ihrer Intuition leiten! Entscheiden Sie selbst, wieviel Sie davon vertragen können, ohne sich wie ein Zappelphilipp zu fühlen.

Über all das, was Sie hier jetzt gelesen haben, sollten Sie bei Ihrer ersten Meditation nachdenken. Auf diese Weise wird es Ihnen gelingen, die Steine auf Ihre Energie einzustimmen, und Sie werden lernen, mit ihren Energien umzugehen. Sie sollten sich jeden Tag wenigstens einige Minuten mit Ihren Steinen befassen. Nehmen Sie Ihre Steine nicht nur in die

Hand, um sie zu reinigen, sondern ganz einfach auch, weil sie Ihnen gefallen und weil Sie sich auf diese Weise bei Ihren Helfern bedanken möchten.

Die tägliche Meditation

Nun sind Sie an jenem Punkt Ihrer ersten „Meditation" angekommen, an dem Sie jeden einzelnen Stein - sagen wir einmal - „begrüßt" haben.

Nun kommt der nächste Schritt: die Steine ganz gezielt mit Ihren Wünschen zu „programmieren"! Das bedeutet, daß Sie jetzt gedanklich - in möglichst präzisen, knappen Worten zusammenfassen, was genau Sie sich von dieser Hexendiät wünschen. Ich kann Ihnen hierfür sehr gerne ein Beispiel geben, obwohl Sie zwischenzeitlich sicherlich schon wissen, daß mir persönlich sehr viel daran liegt, Sie Ihre eigenen Worte und Sätze finden zu lassen, weil es nun mal Ihre Diät ist und nicht meine. Aber ein wenig „Hilfestellung" in dieser Sache kann auch an dieser Stelle nicht schaden!

„Ich werde jetzt von Tag zu Tag schlanker und gesünder! Ich will das mit Hilfe der Kraft des Mondes schaffen und mit Unterstützung meiner Steine. Ich werde hilfreich unterstützt durch die Kraft meiner Kräuter und durch den Holunderwein! Ich will binnen der nächsten vier Wochen...??...Kilos abnehmen (bitte realistisch bleiben!) Ich werde und ich will dieses Ziel mit Freude erreichen!"

So oder ähnlich könnte der Text lauten, den Sie für sich und Ihre Bedürfnisse in Ihre tägliche Meditation einbauen. Sicherlich fragen Sie sich jetzt, weshalb ich so unhöflich bin und die Redewendung: „Ich will!"...so oft verwendet habe. Nun, das hat seinen Grund! Sie sollen diese tägliche Meditation in erster Linie dazu verwenden, Ihr Unterbewußtsein auf Erfolg zu programmieren. Erfahrungsgemäß aber ist das Unterbewußtsein für höfliche oder sanft klingende Redewendungen nicht allzu empfänglich! Besser sind kurze, knappe Befehle, und dazu passen nun mal sehr gut die Worte: „Ich will!"

Wichtig:

Die tägliche Meditation sollte unbedingt eingehalten werden!

Selbst wenn Sie wirklich nur zehn Minuten dafür aufwenden können/wollen, diese aber dann sehr konzentriert für Ihre „Programmierung auf Erfolg" einsetzen, wird der Erfolg nicht lange auf sich warten lassen. Natürlich dürfen/können Sie Ihre Steine hierbei mit zum Einsatz bringen, zumindest wäre es sehr nützlich, die Energie der Bergkristalle und Calcite zur Hilfe zu nehmen. Doch auch hier möchte ich Ihnen keine allzu eng gesteckten „Regeln" auferlegen, weil magisches Arbeiten unter anderem ja auf Intuition und den Kontakt zum Höheren Selbst aufgebaut ist! Wenn Sie zu jenen Menschen gehören, die während der Dauer der Meditation nicht gerne sitzen, dürfen Sie sich selbstverständlich hinlegen! Sie können Ihre Kristalle dann entsprechend anders „drapieren" und sie vielleicht um die Liege herum verteilen.

Und auch hier spielt es keine entscheidende Rolle, wann Sie sich die Zeit für die Meditation nehmen, Hauptsache, Sie bauen sie in Ihr Tagesprogramm mit ein!

Meditation

Setzen Sie sich wieder in Ihren „Kreis", umgeben von Bergkristallen und/oder Calciten, hören Sie, wenn Sie möchten, Meditationsmusik. Schließen Sie die Augen und versuchen Sie sich möglichst zu entspannen - hierbei hilft die richtige Atmung! Atmen Sie tief und gleichmäßig ein und aus. Bei jedem Einatmen wölbt sich Ihr Bauch nach außen, und beim Ausatmen zieht sich der Bauch nach innen. Tun Sie das ohne jegliche Eile und versuchen Sie, während Sie ganz bewußt atmen, den ständig fließenden Strom von Gedanken in Ihrem Kopf unter Kontrolle zu bekommen. Warten Sie so lange, bis sich dieser Gedankenstrom von selbst aufzulösen beginnt, in einen Nebel von Nichts!

Nun beginnen Sie damit, sich möglichst bildhaft vorzustellen, wie Ihr Körper in schlankem Zustand aussehen wird. Visualisieren Sie, wie wohl Sie sich dabei fühlen und wie attraktiv Sie wieder aussehen!

Und noch etwas: Denken Sie bitte nicht - „Wie ich wieder aussehen werde!" sondern: „Wie ich aussehe!", denn Ihr Unterbewußtsein wird sich somit angetrieben fühlen, diesen Zustand möglichst schnell zu erreichen. Unser Unterbewußtsein ist immer bestrebt, unsere Wünsche - und leider auch all die negativen Gedanken - möglichst schnell Wirklichkeit werden zu lassen. Deshalb ist es auch so wichtig, daß Sie das Richtige von sich denken, also möglichst viel Positives!

Nun stellen Sie sich ebenfalls so deutlich wie möglich vor, wie sich Ihr Körperumfang von Tag zu Tag verringert und wie Sie voller Freude über die verlorenen Pfunde in jenes schickes Kleidungsstück schlüpfen, das Sie sich vor einiger Zeit eigens zu diesem Anlaß gekauft haben. Oder aber Sie sehen sich dabei in jener Hose, die schon seit langem ungetragen im Schrank hängt, obwohl Sie dieses Stück immer so gerne angezogen haben. Diese Hose war Ihr Lieblingsstück und - Sie werden sie wieder tragen können! Und ganz genau das müssen Sie Ihrem Unterbewußtsein voller Überzeugung mitteilen! Erwähnen Sie während der Meditation - weder laut noch gedanklich - niemals Worte wie dick, fett, häßlich, krank, unattraktiv, und so weiter! Beschäftigen Sie sich statt-dessen mit Worten wie gesund, attraktiv, schlank, be-gehrenswert, und so weiter!

Wenn Sie glauben, mit Ihrer „Programmierung" fertig zu sein, dann könnten Sie sich beispielsweise wieder bei Ihren Steinen für die tägliche „Mitarbeit" an Ihrem Körper bedanken. Stellen Sie sich auch hierbei wieder bildlich vor, wie die Steine dazu beitragen, Ihr Wohlbefinden zu steigern, weil, wie Sie jetzt schon wissen, diese Mineralien auf unterschiedliche Weise auf Ihren Körper einwirken. Sie gleichen nicht nur feh-lende oder überschüssige Energie aus, sondern akti-vieren auch Ihren Stoffwechsel, helfen dem Körper, oder besser gesagt, den Organen, beim Ausscheiden von Giftstoffen und Wasseransammlungen, denen Sie beispielsweise Ihre dick geschwollenen Gelenke zu „ver-danken" haben. Machen Sie sich ganz speziell wäh-rend der Zeit Ihrer Meditation bewußt, daß Sie sich geradezu darauf freuen, jeden Tag so viel an Tee trin-ken zu dürfen, der Ihrem Körper so gut tut! - Streichen Sie unbedingt das Wort müssen aus Ihrem Vokabular. Freuen Sie sich lieber darüber, was Mutter Natur uns Menschen alles zu bieten hat und wie hilfreich es ist, sich dieser wunderbaren Gaben der Natur bedienen zu dürfen – auch wenn sie nicht immer unbedingt schmackhaft sind!

Zum Schluß machen Sie sich noch bewußt, wie Ihr neuer „Verbündeter" - der Mond - Ihnen während dieser Zeit seine unterstützenden Kräfte zur Verfügung stellt, und das völlig kostenlos!

Bitte beenden Sie Ihre tägliche Meditation mit den Worten, die Ihnen ja nun schon bekannt sind:

Ich will, daß alles, was an Überfluß in und an meinem Körper vorhanden ist, sich auf gesunde Weise von mir trennt!

Der Ablauf der Hexendiät

Wie gestalten Sie nun die Tage Ihrer Diät am zweckmäßigsten!

Wann trinken Sie Ihre Tees, wann den Holunder-Sud, den Apfelessig, das Steinwasser, was sollen Sie mit dem alten Kleidungsstück machen, oder mit dem Foto, und so weiter?

O.K. - fangen wir an:

Die Sache mit dem **Steinwasser** dürfte bereits geklärt sein! Das trinken Sie am besten noch bevor Sie aufstehen, denn man sollte möglichst nicht sofort nach dem Aufstehen seinen Kaffee oder Tee „hinterherschütten" beziehungsweise das Frühstück vor Ablauf einer halben Stunde einnehmen!

Nach dem Steinwasser folgt ein Frühstück Ihrer Wahl! (Was aber nun absolut nicht bedeutet, daß Sie sich - weil Sie bei der „Hexendiät" ja keine lästigen Kalorien zählen müssen - nun künftig gleich doppelt bedienen, oder gar meinen, Sie könnten sich ab sofort ein völlig anderes, sehr viel reichhaltigeres Frühstück als bisher gönnen!) Ich verspreche Ihnen, dieser Schuß würde sofort nach hinten losgehen und Sie könnten sich die ganze Diät sparen! Wenn Sie sich schon nicht einschränken können/wollen, seien Sie bitte ehrlich genug und greifen Sie jetzt bitte nicht öfter oder in größeren Mengen nach Eßbarem als Sie es sonst zu tun pflegen!

Circa eine Stunde nach dem Frühstück trinken Sie ein Glas Wasser mit einem Eßlöffel **Apfelessig** aus dem Reformhaus. Sie sollten bitte j e d e n Tag ein Glas Wasser mit einem Eßlöffel Apfelessig trinken!

Außerdem trinken Sie von der **Tee-Mischung Nr. 1** jeden Tag drei bis vier große Tassen! - entweder eine halbe Stunde vor oder nach dem Essen. Diese Menge sollten Sie unbedingt einhalten! Falls Sie sonst nicht so viel Flüssigkeit zu sich nehmen, denken Sie bitte daran, wie wichtig es ist, jeden Tag mindestens zwei bis drei Liter zu trinken! Ihre Nieren werden es Ihnen danken, und außerdem entgiftet Ihr Körper während dieser Phase des Mondes sehr gut. Sie tun sich und Ihrer Gesundheit und Ihrer heiß ersehnten schlanken Linie etwas wirklich Gutes!

Tee-Mischung Nr. 1 trinken Sie während der Phase des Neumondes bis zum Zeitpunkt des Vollmonds!

Doch nun kommt das Wichtigste! **Die mentale Unterstützung!**

Stellen Sie sich bei jeder Tasse, die Sie von diesem Tee trinken, intensiv vor, wie wichtig und wertvoll dieses Getränk für Sie ist und wie es dazu beiträgt, Ihre Pfunde nach und nach schwinden zu lassen. Unterstützen Sie diesen Gedankengang indem Sie sich ebenfalls sagen: **„Bei jeder Tasse, die ich trinke, werde ich schlanker und schlanker!"**

Und Sie trinken Ihren Tee bitte aus jener roten Tasse, die nur Sie benutzen dürfen und auf deren Unterseite Sie mit schwarzem Stift die Anzahl der Pfunde, die Sie verlieren möchten, geschrieben haben.

Ich weiß, beziehungsweise ich kann mir sehr gut vorstellen, daß diese „Anweisungen" vielleicht etwas befremdend auf Sie wirken, aber sie gehören nun einmal zum magischen Arbeiten, und ich darf Ihnen versichern, daß ich von Ihnen keine einzige Handlung mehr verlange als notwendig. Und ich verlange von Ihnen schon gar keine jener Handlungen, von denen ich weiß, das sie nichts oder kaum etwas „bringen". Ich erspare Ihnen überflüssiges „Beiwerk", denn ich bin immer bestrebt, so sachlich wie möglich zu arbeiten und magische Rituale sowie die dazugehörigen Hilfsmittel dem heutigen Zeitgeist, so weit es möglich ist, anzupassen.

Mag sein, daß einige meiner Kollegen und Kolleginnen darüber die Nase rümpfen, weil ich die Magie als etwas „völlig Normales" hinstelle!

Aber - pardon - das ist sie auch!

Wenn ich Sie also ganz lieb darum bitte, alles möglichst so zu handhaben, wie ich es für Sie ausgearbeitet habe, sollten Sie es tun - falls Ihnen am Erfolg Ihrer Arbeit liegt, versteht sich!

Doch nun wieder zurück zu Ihren „Drinks"! Denken Sie sich folglich also bitte das Richtige, wenn Sie Ihren täglichen Tee zu sich nehmen, und halten Sie auch das mit der roten Tasse so, wie ich es Ihnen erklärt habe. Denken Sie in diesem Zusammenhang daran, daß auch Farben eine große Rolle spielen, weil sie über bestimmte Schwingungen verfügen.

Gedankenkosmetik

Jeder Mensch wird zum „Produkt" seiner Gedanken!

Ich kann es gar nicht oft genug wiederholen! Denn genauso verhält es sich mit unseren Gedanken und dem Unterbewußtsein, das sämtliche Denkvorgänge "speichert" und bestrebt ist, diese Gedanken möglichst schnell zu realisieren, sofern sie sich realisieren lassen.

88

Jeder von uns wird folglich - zu gegebener Zeit - dann auch die Konsequenzen für all jene Dinge und Situationen zu tragen haben, die aus diesen immer wieder gehegten Gedanken und den daraus entstandenen Handlungen resultieren. Sobald Sie damit beginnen, sich dieser Tatsache regelmäßig bewußt zu werden und dann auch noch entsprechend handeln, ist der erste Schritt zum Erfolg schon getan!

Natürlich lassen sich die „Produkte" negativer Gedanken und ihre Folgen jederzeit ins Positive verwandeln – vorausgesetzt, man will es wirklich!

Aber erwarten Sie bitte nicht, daß dies alles von heute auf morgen funktioniert und sich Ihr Leben nun schlagartig ändert!

Es ist nun mal nicht einfach, schlechte Gewohnheiten, eine negative Grundeinstellung oder eine pessimistische Betrachtungsweise von einem Tag auf den anderen abzulegen! Aber mit etwas Disziplin funktioniert es!

Wie, fragen Sie sich jetzt? Nun, indem Sie Ihre Gedanken möglichst oft und regelmäßig kontrollieren, und das bitte möglichst kritisch und ohne „Schönfärberei"! Falls nötig, ersetzten Sie negative Gedankengänge möglichst sofort durch positive! Halten Sie sich immer wieder vor Augen, wie sehr Sie sich durch unschöne Gedankengänge schaden oder deprimieren. Doch zum Glück sind wir Menschen keine hilflosen Wesen, sondern ausgestattet mit einem eigenständigen Geist und - in aller Regel - mit einer gehörigen Portion eigenem Willen! Wir sind zum Glück auch keiner x-beliebigen Macht ausgesetzt, die ihren negativen Einfluß auf uns ausübt, sondern eigenverantwortliche Wesen, die noch dazu die bemerkenswerte Fähigkeit besitzen, die Macht ihrer Gedanken ganz bewußt einzusetzen! Wenn wir es nur wollen! Die Macht der Gedanken ist sehr groß, und man sollte sie niemals unterschätzen! Nur leider scheinen genau das die meisten Menschen vergessen zu haben!

Ein Grund mehr für Sie, sich dieses Wissen zunutze zu machen. Denken Sie immer wieder daran, daß vor jedem Ergebnis erst einmal die Handlung steht! Genau das ist auch der Punkt, an dem Sie „manipulierend" eingreifen können - selbst um überflüssige Pfunde zu verlieren!

Deshalb sollten Sie sich hüten zu sagen:

„Ich bin fett...und bei mir wird das nichts bringen!" - „Das kann ich nicht!" - „Das wird bei mir nicht funktionieren...weil ja nie was funktioniert!" - „Das ist mir viel zu mühselig...wo ich doch immer zu müde bin und nie durchhalten kann!" oder „Das glaube ich erst...wenn ich es sehe!" - oder ähnliche Sprüche!

Statt dessen sollten Sie versuchen, diesen Sätzen eine positive Richtung zu geben, indem Sie beispielsweise sagen oder denken:

- „Das kann ich...weil ich es wirklich will!"

- „Ich schaffe alles...was ich mir vornehme!"

- „Natürlich funktioniert das bei mir...sobald ich es wirklich glaube!"

Und genau so verhält es sich mit der Hexerei und Magie!

Der menschliche Wille beherrscht den Geist und verbannt all jene Gedankengänge, die sein Ziel zunichte machen könnten! Zuerst verbannt man negative Gedanken aus dem Bewußtsein, indem man sie durch positive ersetzt, und anschließend wird das Unterbewußtsein mit positiven Informationen und entsprechenden Befehlen „gefüttert"!

So! – Zurück zur Reihenfolge Ihrer Diät!

Sie wissen jetzt, wann Sie Ihr „Steinwasser" und Ihre Tees trinken dürfen und auch was genau mit den Steinen zu tun ist. Doch wie verhält sich die Sache mit dem Holunderwurzelwein?

Auch das ist nicht kompliziert:

Sie trinken den Holunderwurzel-Wein bitte jeden Abend direkt vor dem Schlafengehen, und zwar immer ein Schnapsgläschen voll!

Aber lediglich in der Zeit von **Neumond bis einschließlich Vollmond!**

Denn genau in dieser Phase des Mondes entfaltet der Sud seine beste Wirkung. Ich weiß, daß der Geschmack zu wünschen übrig läßt, aber sie müssen ihn ja nicht langsam oder gar „genießerisch" auf der Zunge zergehen lassen, sondern dürfen ihn ruhig in einem Zug hinunterkippen und sich danach die Zähne putzen oder ein Pfefferminzbonbon lutschen!

Wenn Sie es wünschen, dürfen Sie sich von diesem Sud auch die doppelte Menge zubereiten und ihn dann vor jeder Mahlzeit trinken! Sie werden sehen, daß Ihr Appetit gewaltig nachläßt - aber: Auch dann sollten Sie ihn nicht länger als zwei Wochen hintereinander trinken und dann zwei Wochen pausieren. Danach können Sie diese „Kur" gerne wiederholen – vorausgesetzt, Sie haben keine Magenprobleme. Bei einem Gläschen am Abend werden Sie allerdings keinerlei Schwierigkeiten mit der Verträglichkeit haben.

Vollmond

Das ist ein sehr wichtiger Tag für den Erfolg Ihrer Diät! Am Tage (oder Abend) des Vollmondes werden Sie ein ganz besonders wirksames Ritual vollziehen, das allerdings etwas Zeit für sich beansprucht!

Sie haben zwischenzeitlich bereits die ersten beiden Wochen hinter sich gebracht und sollten schon einige Pfunde verloren haben - obwohl Sie sich ja während dieser Phase nicht gewogen haben!

Ab heute dürfen Sie sich wieder jeden Tag auf die Waage stellen, wenn Sie es möchten und - jetzt beginnt für Sie auch die Zeit, in der die Pfunde purzeln, wenn Sie sich genau an die Regeln der Hexendiät halten. So wie der Mond nun beginnt, von Tag zu Tag schlanker zu werden, so können auch Sie binnen der nächsten beiden Wochen so einiges an Gewicht verlieren! Es wird Ihnen sehr viel leichter als sonst fallen, denn Sie leben jetzt ja bewußt mit der starken Energie des Mondes, die Sie bei Ihrem Vorhaben entsprechend „unterstützen" wird.

Das „Vollmondritual"

Es wäre sinnvoll, sich für dieses Ritual den Abend zu reservieren, denn Sie brauchen Zeit und Ruhe! Aber tagsüber geht es natürlich auch.

Soweit so gut! Sie haben am Morgen - wie an jedem Tag während der letzten beiden Wochen - Ihr Steinwasser getrunken, Ihren Apfelessig-Drink und Ihre Tees! Sie mußten sich natürlich an diese Menge Flüssigkeit erst gewöhnen, aber alles in allem betrachtet war das sicherlich kein großes Problem, zumal Sie sich bestimmt schon deutlich wohler fühlen als vorher!

Heute, da der Mond in seiner „vollsten" Phase zu bewundern ist, wäre es ideal, wenn Sie sich - sozusagen als „Einstimmung" - zuerst einmal ein entspannendes Vollbad genehmigen könnten, dem Sie einen Liter Apfelessig zufügen und in das Sie einen Liter Bergkristall-Wasser schütten!

Das Wasser bereiten Sie tagsüber folgendermaßen vor:

Sie legen ein, zwei oder drei Bergkristalle in einen Topf oder Eimer mit Wasser und lassen diese solange darin liegen, bis Sie Zeit für Ihr Entspannungsbad haben.

94

Nach diesem Bad werden Sie sich wunderbar fit und frisch fühlen - bevor Sie sich wie gewohnt Ihrer Meditation widmen, um anschließend magisch zu arbeiten.

Und so geht´s weiter:

Schaffen Sie sich eine angenehme entspannende Atmosphäre in Ihrem Zimmer - falls Sie es im Zusammenhang mit Ihrer Meditation noch nicht getan haben sollten!

Sie brauchen

- Ihren alten Pullover, oder eben jenes ausrangierte Kleidungsstück, für das Sie sich entschieden haben!
- Eine Schere und den Seidenschal!
- Zwei Blätter weißes Papier.
- Einen neuen Stift, egal ob Kugelschreiber, Filzstift, Bleistift oder Füller - Hauptsache, dieser Stift wurde bisher noch nicht benutzt.
- Sechs rote Kerzen und drei weiße!
- Und - nicht zu vergessen - das Foto, auf dem Sie von Kopf bis Fuß und völlig alleine zu sehen sind!

Breiten Sie nun all diese Gegenstände auf dem Fußboden aus, oder auf einem Tisch - ganz wie Sie es möchten. Vergessen Sie nicht, auch Ihre Steine mit in dieses Ritual einzubeziehen.

Nachdem Sie das Zimmer „ausgeräuchert" oder mit Hilfe einer Duftlampe „beduftet" haben, zünden Sie die Kerzen an. Dann greifen Sie zu Stift und Papier!

Erstellen Sie jetzt so eine Art „Wunschzettel für Ihre Figur"! Formulieren Sie die Sätze hierfür möglichst knapp und präzise. Danach falten Sie das Blatt so zusammen, bis es so klein gefaltet ist, daß es unter einen Ihrer Bergkristalle paßt.

Nun zum zweiten Blatt Papier, mit dem Sie auf dieselbe Weise verfahren. Schreiben Sie auf diesen Zettel bitte wieder folgenden Satz:

Ich will, daß alles, was an Überfluß in und an meinem Körper vorhanden ist, sich auf gesunde und natürliche Weise von mir trennt!

Dann suchen Sie einen geeigneten Platz auf der Fensterbank, Terrasse, dem Balkon oder im Garten und legen die gefalteten Blätter unter den Bergkristall. Dort lassen Sie sie bis zum nächsten Neumond liegen – und verbrennen sie dann bei Neumond.

Nun widmen Sie sich dem ausrangierten Kleidungsstück. Magie bedarf der Symbole oder symbolischer Handlungen. Nachdem Sie das Kleidungsstück ausgebreitet vor sich liegen haben, nehmen Sie die Schere zur Hand und beginnen, es entlang der Außenkanten um einige Zentimeter zu verkleinern. Es quasi um ein bis zwei Kleidergrößen „enger" zu gestalten, indem Sie entsprechend viel davon abschneiden. Bei jedem Schnitt stellen Sie sich vor, wie Sie schon bald in ein Kleidungsstück dieser Kleidergröße passen werden. Den abgeschnittenen Streifen dieses Kleidungsstücks müssen Sie nun verbrennen! Auch das ist eine wichtige Handlung, denn diese symbolisiert „Fett verbrennen!".

Wie Sie das nun im einzelnen handhaben, bleibt allerdings wieder Ihrer eigenen Phantasie überlassen, denn ich weiß ja nicht, unter welchen Bedingungen Sie leben und wie Ihre Möglichkeiten aussehen. Falls Sie im Besitz eines offenen Kamins oder Kachelofens sind, dürfte das Verbrennen dieses Streifens kein allzu großes Problem sein. Und je nach Jahreszeit bietet sich hierfür auch Ihr Gartengrill an oder ein kleines Feuer an einem See. Wie schon erwähnt, ist Ihre Phantasie gefragt, denn in der heutigen Zeit ist es nicht immer leicht, etwas auf die Schnelle zu verbrennen!

Wichtig ist, daß Sie zuschauen können, während dieses Stück verbrennt, und Sie sich dabei - natürlich wieder möglichst bildhaft – vorstellen, wie nun gleichzeitig überschüssiges Fett in ihrem Körper „verbrennt" und Sie rank und schlank werden läßt.

Diese Form von Magie, das „Bearbeiten von Gegenständen in welcher Form auch immer, war in früher Zeit sehr beliebt. Allerdings wurde sie auch oft mißbraucht, weil Hexen und Magier der schwarzen Zunft auf diese Weise anderen Menschen Schaden zufügen konnten. Sie waren mit dieser „Technik" imstande, in Verbindung mit den entsprechenden „frommen Wünschen" und ebensolchen „freundlichen Gedanken" die Kraft der Magie so einzusetzen, daß sie selbst noch aus großer räumlicher Distanz heraus negativ auf andere Mitmenschen einwirken konnten. Vodoo-Zauber funktioniert ähnlich, aber ich hoffe sehr, daß Sie nicht beabsichtigen, sich künftig derartig negativen Praktiken zu widmen.

Doch nun zurück zu Ihrem Kleidungsstück, das jetzt etwas lädiert und „schmaler geworden" vor Ihnen liegt! Jetzt benötigen Sie Ihren Seidenschal! Diesen binden Sie wie einen „Gürtel" um jene Stelle des Kleidungstückes, wo sich - würden Sie es gerade tragen - die Taille befindet. Binden Sie den Schal eng - aber nicht gewaltsam fest, denn auch hier handelt es sich um ein magisches Ritual, und Sie wollen sich sicherlich nicht in nächster Zeit schrecklich „beengt" um die Taille herum fühlen. Genau das könnte nämlich passieren! Denn, wer weiß, welche magischen Fähigkeiten in Ihnen schlummern und in wieweit Sie in der Lage sind, diese durch das Ritual zu „wecken". Sollten nämlich tatsächlich derartige Fähigkeiten aus einem Ihrer Vorleben in Ihnen stecken, dann werden diese spätestens zum jetzigen Zeitpunkt erwachen!

Ja, sie werden „wach", und zwar spätestens dann, wenn Sie damit beginnen, sich eingehend mit magischen Praktiken zu befassen – so, wie das jetzt beispielsweise der Fall ist!

Sie sehen wieder einmal, fast alles, was man tut, hat einen tieferen Sinn! Und natürlich kommt es auch ganz darauf an, wie und zu welchem Zweck Sie es einzusetzen gedenken!

Hier in diesem Beispiel haben Sie nun den Schal als „schlankmachenden Gürtel" eingesetzt und damit - wenn auch „nur" mental - Ihre Taille deutlich betont!

Ihre nächste Aufgabe wird dann für den Verlauf der nächsten beiden Wochen (bis Neumond) darin bestehen, diesen Schal jeden Tag abzunehmen und von dem Rand des Kleidungsstückes wieder etwas abzuschneiden! Danach binden Sie den Seidenschal wieder um jene Stelle, welche die imaginäre Taille darstellt.

Doch beachten Sie dabei folgendes:

Sie werden zwar jeden Tag etwas von diesem Kleidungsstück abschneiden, aber Sie werden den abgeschnittenen Streifen n i c h t verbrennen! Zumindest jetzt noch nicht! Sammeln Sie diese abgeschnittenen Stücke und bewahren Sie sie in einer offenen Schachtel auf! Es ist wichtig, daß Sie die Schachtel tatsächlich auch offen lassen, denn würden Sie sie schließen, könnte sich die mentale Wirkung dieses Rituals auf Sie auswirken, und zwar folgendermaßen:

Sie fühlen sich plötzlich und ohne für Sie ersichtlichen Grund wie unter „Druck" gesetzt - oder Sie fühlen sich „beengt" oder „eingesperrt"! Das kommt ganz darauf an, wie sensibel Sie sind und - natürlich kommt es noch mehr darauf an, wie gut Sie in der Lage sind, mental zu „arbeiten". Sie dürfen natürlich experimentieren und Ihre eigenen Erfahrungen sammeln! Tun Sie ruhig, was Sie nicht lassen können, denn ich weiß nur zu gut, daß die eigenen Erfahrungen die besten sind!

Nun, lassen Sie mich jetzt erklären, was Sie mit diesen „gesammelten Werken" - Ihren Stoffstreifen - anstellen sollen! Sie werden sie verbrennen - und zwar am Tage des nächsten Neumondes!

Und - das tun Sie bitte auch mit dem Rest des Kleidungsstückes, der bis dahin noch davon übriggeblieben ist! Ach ja - so leid es mir natürlich um Ihren Seidenschal tut - von diesem müssen Sie sich auch trennen! Ihn verbrennen Sie ebenfalls!

Es könnte nämlich sein, daß Sie ohnehin keine allzu große Freude mehr daran haben, denn dieser Schal hat als „Werkzeug" für ein magisches Ritual gedient, und leider kann ich Ihnen selbst beim besten Willen nicht sagen, wie sich das auf Sie auswirken würde, sollten Sie dieses „Werkzeug" nicht verbrennen, oder es gar noch tragen wollen, denn das ist von Fall zu Fall verschieden!

Das Foto – Ritual

Hierfür benötigen Sie:

- Eisenkraut und kleingeriebene Lorbeerblätter, je einen Teelöffel voll.
- Eine hellblaue Kerze.
- Drei Haare.
- Ein Stück Fingernagel.

Nachdem Sie nun den alten Pullover - oder welches Kleidungsstück auch immer - so „bearbeitet" haben wie beschrieben, widmen Sie sich nun auch noch dem Foto!

Zünden Sie hierfür die hellblaue Kerze an und geben Sie ein großes Stück Räucherkohle in das feuerfeste Gefäß!

Wenn die Räucherkohle durchgeglüht ist, schütten Sie das Eisenkraut darauf sowie die kleingeriebenen Lorbeerblätter und drei Ihrer Haare plus ein Stück Ihres Fingernagels!

Nehmen Sie jetzt das Bild zur Hand und schreiben Sie auf die Rückseite des Fotos, was Sie sich *in puncto* Figur wünschen beziehungsweise wie viele Kilos Sie noch abnehmen möchten. Ziehen Sie jetzt das Foto durch den Rauch, der durch Kräuter, Haare und Nagel entstanden ist, und schließen Sie dann die Augen. Stellen Sie sich wieder möglichst bildhaft vor, wie toll und attraktiv Sie mit Ihrer schlanken Figur aussehen, und versuchen Sie auch, sich das Gefühl ins Gedächtnis zu rufen, wie wohl man sich in einem attraktiven und schlanken Körper fühlen kann. Lassen Sie dieses Gefühl in aller Ruhe auf sich wirken, denn das ist die beste Methode, Ihr Unterbewußtsein davon zu überzeugen, daß Sie tatsächlich schlank sein wollen und nicht, wie Ihr Unterbewußtsein bisher vielleicht fälschlicherweise dachte, dick und behäbig!

Wenn Sie glauben, Ihr Unterbewußtsein zur Genüge mit der Vorstellung „schlank und attraktiv" „gefüttert" zu haben, dürfen Sie zum nächsten Schritt dieses Rituales übergehen!

Nun brauchen Sie die Schere, damit Sie jetzt einige Millimeter von Ihrem Foto beziehungsweise von Ihrer gesamten Gestalt, die darauf zu sehen ist, abschneiden können. So wie Sie es als Kind vielleicht des öfteren getan haben, wenn Sie aus Zeitschriften etwas ausgeschnitten haben. Beginnen Sie beim Ausschneiden bei Ihren Füßen! Schneiden Sie sich durch das Foto bis hin zum Kopf und dann wieder hinunter bis zu jenem Punkt, an dem Sie mit dem Ausschneiden begonnen haben.

Tun Sie auch das wieder gänzlich ohne Eile und konzentrieren Sie sich dabei voll und ganz auf das, womit Sie gerade beschäftigt sind - oder besser gesagt, konzentrieren Sie sich genau auf das, was Sie mit dieser magischen Handlung bezwecken möchten!

Danach kleben Sie den Rest des Fotos an einen Spiegel - ich meine, jenen „Rest", auf dem Ihre gesamte Erscheinung noch zu sehen - also das, was „übriggeblieben" ist, nicht jenen kleinen Fitzel, den Sie davon abgeschnitten haben! Das ist wichtig!

Doch zuvor schreiben Sie bitte wieder folgenden Satz auf die Rückseite dieses Fotos:

Ich will, daß alles, was an Überfluß in und an meinem Körper vorhanden ist, sich auf gesunde und natürliche Weise von mir trennt!

Kleben Sie danach den mit diesem Satz versehenen „Rest" des Fotos mit einem Tesastreifen an einen Spiegel, und zwar möglichst in Augenhöhe! (Achten Sie bitte darauf, daß Sie hierfür ein durchsichtiges

Klebeband benützen, denn sonst könnte es geschehen, daß Sie sich mental durch das Klebeband „behindert" fühlen, das sich über Ihren Körper/Kopf auf dem Foto spannt!)

Wählen Sie bitte einen Spiegel, in dem Sie sich ohnehin jeden Tag ausführlich betrachten, und konzentrieren Sie sich jeden Tag auf diesen Satz!

Den abgeschnittenen Teil des Fotos verbrennen Sie jetzt bitte in der Schale, in die sie kurz zuvor die Räucherkohle, Eisenkraut, Lorbeerblätter, Haare und Fingernagel hineingegeben haben!

Es tut mir leid, wenn Ihnen die Sache mit den Haaren und dem Stück Fingernagel vielleicht nicht so gut gefällt! Ehrlich gesagt, mir gefällt sie auch nicht, aber es gehört nun einmal zu bestimmten magischen Ritualen, sich genau an die vorgegebenen Gegenstände zu halten. Unterläßt man es, aus welchen Gründen auch immer, wird der Erfolg der Arbeit in Frage gestellt. Ich kann Ihnen für dieses Ritual leider keine geeignete Alternative anbieten, denn es gibt keine! Jedenfalls keine, die mir persönlich bekannt ist. Aber freuen Sie sich trotzdem, in früheren Zeiten bediente man sich bei manchen der Rituale noch ganz anderer Dinge! Sicherlich haben Sie davon schon gehört. Ich denke hierbei nur an Krötenaugen, Spinnenbeine, Schlangenblut und so weiter.

Nun zum „Rest" Ihres Fotos!

Das Foto beziehungsweise das, was davon übrig geblieben ist, werden Sie ab jetzt nun ebenfalls jeden Tag mit der Schere „bearbeiten". Auch das muß in der Zeit zwischen Vollmond und Neumond geschehen!

Nehmen Sie das Bild jeden Morgen vom Spiegel und schreiben Sie auf die Rückseite die Zahl der Kilos, die Sie loswerden wollen. Schreiben Sie das über den magischen Satz, mit dem Sie das Foto bereits „belegt" haben. Es macht gar nichts, wenn nach einiger Zeit kaum noch Platz zum Schreiben Ihres Wunsches darauf ist, denn Sie dürfen ruhig in das bereits Geschriebene hineinschreiben! Sie müssen es ja schließlich nicht entziffern – Hauptsache, es steht auf dem Foto!

Außerdem schneiden Sie bitte jeden Tag - Sie entscheiden, wann Sie das tun möchten - einige Millimeter von dem Rest des Fotos ab und zwar so, daß Sie beim Abschneiden Ihre gesamte Gestalt „umrunden"! Ist das geschehen, verbrennen Sie das abgeschnittene Stück von Ihrem Foto!

Tun Sie es, wie bereits gehabt. Sie halten es über die Flamme der blauen Kerze, in die sie zuvor bitte einige Krümel Eisenkraut, Lorbeer, drei Haare und ein kleines Stückchen Fingernagel gestreut haben sollten.

Am Neumond-Tag wird jener Rest, der von Ihrem Foto übriggeblieben ist, in der feuerfesten Schale ver-

brannt, in die Sie zu diesem Zweck abermals ein großes Stück Räucherkohle werfen und - wie bereits gehabt - je einen Teelöffel Eisenkraut und Lorbeerblätter, sowie abermals drei Haare und ein kleines Stückchen Fingernagel!

Blicken Sie, während alles zu qualmen beginnt, in
das Licht der Flamme (blaue Kerze!) und bedanken
Sie sich bei all Ihren freundlichen Helfern, die Sie
während dieser Zeit so hilfreich unterstützt haben und
weiterhin unterstützen werden!

Doch - wie geht es nun weiter, während der Phase des Vollmondes bis hin zum Neumond?

Der erste Tag nach Vollmond!

Sie haben sich nun ausreichend mit schönen, fri-
schen, knackigen Äpfeln versorgt, von denen Sie Ihrem
bisherigen Speisezettel bitte jeden Tag mindestens
zwei bis drei dieser Exemplare zufügen! Wann oder zu
welcher Mahlzeit Sie Ihre Äpfel essen wollen, oder ob
Sie nun mit diesen Äpfeln gar eine Ihrer Mahlzeiten ersetzen, das überlasse ich Ihnen und Ihren Gewohnheiten. Aber, wenn Sie sich von mir in diesem Punkt trotzdem einen Ratschlag erhoffen, so rate ich Ihnen, zumindest einen Ihrer Äpfel sozusagen als erstes Frühstück zu verzehren! Das hat gute Gründe!

Äpfel liefern sehr viele Vital-Stoffe, auf die der Körper äußerst dankbar reagiert. Die Körperzellen erhalten auf diese Weise Energie pur, der Körper wird zusätzlich entschlackt, die Fettverbrennung enorm angekurbelt, und Ihr Stoffwechsel läuft somit auf Hochtouren. Das alles gewährt nicht nur eine hervorragende Verdauung, sondern schwemmt auch überflüssiges Wasser aus dem Körper. Obendrein hemmt der Verzehr von Äpfeln den Heißhunger auf Süßes, und das auf geschickte Weise! Ich denke, es kann nicht schaden, wenn Ihnen der Hunger auf Süßigkeiten verdorben und Ihr Körper obendrein auch noch entlastet wird. Äpfel stärken auch die Nerven und Ihr Durchhaltevermögen!

Gründe genug, wie ich meine, um sich wieder an jene Frucht zu erinnern, die man schon vor Hunderten von Jahren sehr zu schätzen wußte und die trotzdem leider ein wenig ins Abseits geraten ist. Es ist wirklich schade, daß viele Leute beim Einkaufen lieber nach exotischen Früchten greifen.

Wenn Sie Ihre Äpfel besorgen, können Sie sich selbstverständlich für mehrere Sorten gleichzeitig entscheiden; so kommt etwas Abwechslung in Ihren Speiseplan.

Nun kann Ihr Körper eine Menge an Schlacken ausscheiden, weil Sie ihm mit dem Verzehr von Äpfeln noch dazu „brauchbare" Ballaststoffe liefern. Bitte achten Sie auch darauf, daß Sie den Apfel mit Schale essen und sehr gründlich kauen, denn nur dann entfaltet er seine volle Wirksamkeit.

Und sollten Sie sich an dieser Stelle fragen weshalb Sie diese Äpfel nur in der Phase des abnehmenden Mondes essen sollen, so darf ich Ihnen sagen:

Sie können natürlich so viele Äpfel essen, wie Sie es wünschen - während der Dauer Ihrer „Hexendiät"!

Meinetwegen beginnen Sie damit bereits schon am Anfang dieser Diät, Ihr Körper wird es Ihnen danken. Aber ich wollte Ihr Leben nicht zu sehr für die Dauer der „Hexendiät" ändern, und da Äpfel während der Zeit von Vollmond bis Neumond den größeren Nutzen für Sie bringen, habe ich diese Zeit für Sie ausgewählt. Während der Mond „abnimmt", „ verschenkt" er nämlich sozusagen seine Energie sehr reichlich an Sie und hilft so auch verstärkt beim Entgiften des Körpers.

Aber - wie schon gesagt - Sie dürfen Äpfel bereits zu Beginn Ihrer Diät „einbauen", und wenn Sie Ihrem Körper etwas ganz besonders Gutes tun wollen, dann essen Sie am Tag des Neumondes ausschließlich Äpfel, und zwar so viele davon, wie Sie wollen! An diesem Tag - Neumond - ist die Wirkung aller Getränke und Nahrungsmittel auf Ihren Körper besonders stark und wirkt sich dementsprechend auf Ihr Wohlbefinden aus.

Mit anderen Worten: Tun Sie Ihrem Körper an diesem Tag etwas Gutes, so hat das eine enorme Wirkung auf Ihre Gesundheit! Tun Sie ihm etwas Schlechtes...nun, so hat auch das eine sehr nachhaltige Wirkung auf Ihren Körper...

Wenden wir uns wieder dem Tag nach Vollmond zu!

Sie trinken wie gehabt das Steinwasser! Aber - in der Phase des Vollmonds bis zum nächsten Neumond stellen Sie das Glas bitte auf einen **roten** Untergrund! Die Farbe Rot hat eine sehr aktivierende Wirkung und ist jetzt genau das Richtige für die nächsten beiden Wochen! Schreiben Sie bitte wieder auf die Rückseite des Untergrundes, jetzt mit einem schwarzen Stift:

Ich will, daß alles, was an Überfluß in und an meinem Körper vorhanden ist, sich auf gesunde und natürliche Weise von mir trennt!

Und noch etwas ändert sich jetzt!

Sie trinken ab sofort drei mal täglich Ihren Apfelessig-Drink - v o r den Mahlzeiten!

Die Tee-Mischung Nr. 1 benötigen Sie jetzt n i c h t mehr!

Ab jetzt gilt folgendes:

Tee-Mischung Nr. 2: Davon trinken Sie bitte drei bis vier große Tassen pro Tag jeweils nach den Mahlzeiten.

Tee-Mischung Nr. 3: Davon muß ich Ihnen nun jeden Abend drei Tassen zumuten. Falls Sie diesen Geschmack jedoch wirklich nicht „ertragen" können, weil Ihre Geschmacksnerven nun mal sehr sensibel auf außergewöhnliche Geschmacksrichtungen reagieren, dürfen Sie stattdessen drei Gläser Saft (ungesüßt natürlich!) trinken.

Falls Sie jedoch zu jenen Menschen gehören, die "hart im Nehmen" sind und sich folglich für den tatsächlich sehr wirkungsvollen Tee Nr. 3 entschieden haben, fügen Sie auch diesem bitte immer einen winzigen Hauch Ceyennepfeffer bei! So, wie Sie das schon vorher bei den anderen beiden Tees getan haben.

M e d i t a t i o n !
Ihre Meditation behalten Sie auch während der nächsten beiden Wochen wie gewohnt bei!
Allerdings sollten Sie ab jetzt einige neue Worte und Gedanken mit einbauen und bei Ihrer Wortwahl, die Sie sich für diesen Zweck ausdenken, auch das

Abnehmen des Mondes betonen und wie sehr er Sie doch dabei unterstützt, das Ziel - Ihre schlanke Figur - zu erreichen!

Sie könnten in Ihrer Meditation ebenfalls mit berücksichtigen, daß Sie es jetzt dem Mond gleichtun wollen und ebenso wie er jetzt jeden Tag schlanker und schlanker werden! Stellen Sie sich auch bildhaft vor, wie Sie sich dabei seiner unleugbar starken Energie bedienen, die nun extrem „zehrend" wirkt und Sie auch so wunderbar appetitlos macht.

Tragen Sie während dieser Zeit unbedingt das Stück Goldfluß bei sich! Aber das werden Sie sicherlich ohnehin tun, denn Sie haben sich bestimmt schon daran gewöhnt, Ihre Steine immer bei sich zu haben.

Sie beenden Ihre tägliche Meditation bitte wieder mit dem Satz:

Ich will, daß alles, was an Überfluß in und an meinem Körper vorhanden ist, sich auf gesunde und natürliche Weise von mir trennt!

Den alten, zerschnittenen Pulli, die Bluse oder wofür auch immer Sie sich entschieden haben, können Sie während der nächsten Wochen zu jeder Zeit des Tages „bearbeiten", denn der Zeitpunkt hierfür spielt keine entscheidende Rolle und richtet sich ganz danach, wann Sie Zeit dafür erübrigen können.

Sie tragen auch jetzt in dieser Mondphase wieder Ihre beiden Steine um den Hals!

Das Reinigen der Steine wird ebenfalls wie gewohnt auch während der Phase zwischen Vollmond und Neumond beibehalten und praktiziert.

Und nicht vergessen: „Bearbeiten" Sie auch weiterhin Tag für Tag Ihr Foto!

Wenn Sie alle diese Ratschläge genau befolgen, wird der Erfolg nicht lange auf sich warten lassen! Sie werden sehen, daß man auch abnehmen kann, ohne sich herumplagen zu müssen, mit einem Salatblättchen hier und einem Schüsselchen Magerjoghurt da. Allerdings sollten Sie unbedingt berücksichtigen, sich keinesfalls dazu hinreißen zu lassen, ab jenem Zeitpunkt, an dem Sie mit der „Hexendiät" beginnen, mehr an Nahrungsmitteln zu sich zu nehmen, als Sie es bis zum Zeitpunkt vor dieser „Diät" getan haben. Es sei denn, der Erfolg Ihrer magischen Arbeit ist Ihnen egal!

Während dieser vier Wochen werden Sie feststellen, was geschieht, wenn man seinen bisher eher schlechten Lebensgewohnheiten neue und positive hinzufügt. Schon alleine das morgendliche, regelmäßige Trinken des Steinwassers wirkt sich positiv und sehr wohltuend auf Ihren Körper aus, geschweige denn all die anderen „Kleinigkeiten", die Sie während der Dauer dieser „Diät" zu sich nehmen.

Vielleicht behalten Sie sogar einige dieser Tips nach Ablauf dieser vier Wochen bei, weil Sie gespürt haben, wie gut es Ihnen tut, sich einiger dieser mentalen und praktischen „Tricks" zu bedienen.

Und noch etwas: Sie können diese Form der „Diät" beliebig oft wiederholen, vorausgesetzt natürlich, Sie übertreiben es nicht! Damit meine ich, daß Sie sich nicht dazu hinreißen lassen sollten, beispielsweise zwei bis drei Liter der Tees zu trinken, deren Rezepte Sie durch dieses Buch hier kennengelernt haben. Bedenken Sie, jedes Kräutlein dient normalerweise auch einem Heilzweck und sollte deshalb nicht in „rauhen Mengen" zu sich genommen werden. Selbst ein harmloser Kamillen-Tee kann Magenschmerzen erzeugen, wenn man davon Tag für Tag zuviel trinkt!

Bleiben Sie also bitte vernünftig und hören Sie auf die Stimme Ihrer Intuition, denn diese wird Sie wissen lassen, was gut für Sie ist und was nicht!

Apropos Intuition: Sie sollten nach Ablauf dieser vier Wochen feststellen, daß sich auch hier einiges verändert hat - im positiven Sinne, versteht sich! Indem Sie sich mehr Zeit für sich und Ihre Bedürfnisse genommen haben (Meditation!) und bedingt auch durch den Umgang mit Ihren freundlichen, kleinen Helfern (den Steinen!) dürfte sich Ihre innere Stimme etwas stärker und deutlicher als sonst zu Wort melden. Auch das ist eine durchaus positive Begleiterscheinung, wenn man bedenkt, daß heutzutage kaum noch jemand das leise Flüstern seines Unterbewußtseins wahrnehmen will - oder kann! Was bliebe vielen Menschen im Leben erspart, hätten sie die Stimme aus dem Bauch nur rechtzeitig genug wahrgenommen!

Jedenfalls wünsche ich Ihnen viel Erfolg bei Ihrer „magischen Arbeit". Vielleicht ist es mir ja geglückt, ein wenig Neugierde in Ihnen zu wecken?

Neugierde...worauf?

Na...Beispielsweise auf...Magie und Zauberei...

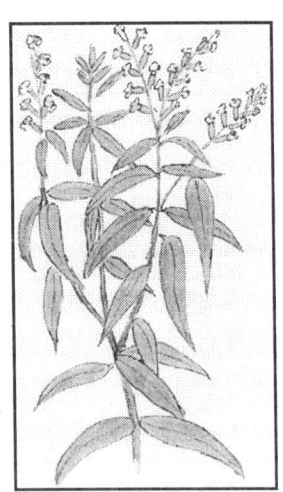

Zum Abschluß noch einige **Tips und Empfehlungen**!

Obwohl Sie nun bereits alles Wissenswerte über die „Hexendiät" erfahren haben, also alles, was nötig ist, um Ihren persönlichen Erfolg zu sichern, möchte ich es mir nicht nehmen lassen, Ihnen noch einige Tips zu geben und Sie, zumindest für die Dauer Ihrer „Hexendiät", für einige sehr wirkungsvolle und schlankmachende Nahrungsmittel begeistern. Man kann diese sehr gut in diese „Diät" integrieren, obwohl sie auch nicht Bestandteil dieser Diät sind und Ihr persönlicher Erfolg nicht davon abhängt, ob Sie diese Nahrungsmittel in Ihre Diät mit einbeziehen oder nicht.

Aber es könnte ja sein, daß Sie begeistert sind und gerne dazu bereit, die „Hexendiät" durch diese wirklich sehr gesunden und schlankmachenden Nahrungsmittel zu ergänzen beziehungsweise zu vervollkommnen!

Sie könnten im Verlauf der vier Wochen Ihrer „Hexendiät", oder aber in der sehr wirkungsvollen Phase von Vollmond bis Neumond, folgende Nahrungsmittel in Ihren Speiseplan mit einbeziehen beziehungsweise bisherige ungesunde Nahrungsmittel durch nachfolgend aufgeführte sinnvoll ersetzen, indem Sie täglich folgendes essen:

- Bananen.
- Käse (bevorzugt Schafs- und Ziegenkäse).
- Naturreis.
- Vollkorn-Nudeln.
- Getreideflocken.
- Sonnenblumenkerne.
- Sesam.
- Honig.
- Rotes Gemüse - bevorzugt Tomaten und Paprika-schoten.
- Frische Petersilie.
- Zwiebeln - auch rote.
- Und viel, viel Knoblauch!
- Außerdem sollten Sie reichlich würzen mit Ca-yennepfeffer und Zimt!

Diese Nahrungsmittel halten jung, stimmen fröh-lich und helfen Ihnen, schlank zu werden und zu blei-ben! Ich denke, das sind Argumente genug, um sich jeden Tag etwas aus diesem „Sortiment" zu gönnen. Zudem - Sie wollen ja nicht nur schlanker werden, sondern sich noch dazu rundum wohl und glücklich fühlen, und diese Nahrungsmittel werden sehr dazu beitragen.

Der Schlanke-Hexenküche-Plan

Die 4-Wochen-Diät in Kurzübersicht

Beginnen Sie bei Neumond in: Wassermann, Schütze, Jungfrau, Löwe, eigenem Sonnenzeichen oder Aszendent!

Und „füttern" Sie Ihr Unterbewußtsein mit dem Satz:

Ich will, daß alles, was an Überfluß in und an meinem Körper vorhanden ist, sich auf gesunde und natürliche Weise von mir trennt!

Bei **Neumond**:
- Holunder-Wurzeln sammeln – Wein herstellen!
- Steine reinigen.

Ab **Neumond**:
- Nicht mehr wiegen!
- Magnesit und Sodalith jeweils bis zum nächsten Neumond an einer Kette tragen – jeweils einen halben Tag oder nachts!
- Goldfluß in Hosen/Jackentaschen tragen!
- Foto mental „bearbeiten".
- Täglich zehn Minuten Meditation.

- Jeden Morgen Apfelessig-Drink.
- Steinwasser – schwarze Unterlage – Spruch darauf schreiben!
- Über den Tag verteilt: 3 – 4 Tassen Tee-Mischung Nr. 1 mit einer Prise Cayennepfeffer trinken – bis Vollmond!
- Ein kleines Glas Holunderwein täglich vor dem Schlafengehen trinken!
- Täglich geistige Haltung prüfen!

Das alles „praktizieren" Sie bitte bis zum nächsten **Vollmond!**

Dann:
Für das **Vollmondritual:**
- Vollbad - Apfelessig 1 Liter.
- Bergkristallwasser 1 Liter.
- Pullover.
- Schere.
- Seidenschal.
- Zwei Blatt Papier.
- Stift.
- Sechs rote Kerzen.
- Drei weiße Kerzen.
- Foto.

- Kristalle.
- Räuchern.
- „Wunschzettel-Endgewicht" erstellen: „Ich will, daß..."
- Foto-Ritual und Meditation!
- Eisenkraut, Lorbeerblätter, eine hellblaue Kerze, drei Haare, ein Stück Fingernagel wie beschrieben verwenden!

Ab erstem Tag nach Vollmond bis zum nächsten Neumond:

- 2 – 3 Äpfel täglich.
- Steinwasser – roter Untergrund und mit Spruch versehen!
- 3 x täglich Apfelessig-Drink.
- Vor den Mahlzeiten: Tee-Mischung Nr. 2.
- Nach den Mahlzeiten: Tee-Mischung Nr. 3, je 3 Tassen über den Abend verteilt trinken.
- Meditation.
- „Wunschzettel-Endgewicht" bis Neumondnacht unter Bergkristall legen!"
- Foto täglich „bearbeiten"!
- Täglich dünnen Streifen rings um den Pullover herum abschneiden und Streifen in offener Schachtel aufbewahren!

- Seidenschal täglich etwas enger um Pullover binden!

Bei **Neumond:**

- „Wunschzettel".
- Pullover-Rest und Seidenschal wie beschrieben verbrennen!

Wenn Sie wollen...können Sie diese 4-Wochen-Diät wiederholen...

Aber vergessen Sie nicht... v o r dem Erfolg stehen Konsequenz und Durchhaltevermögen.

Viel Glück!

Über die Autorin

Melissa H. Bónya wurde am 24.10.1955 in Kansas City, Kansas, USA, geboren und lebt heute mit ihrem Mann in Ungarn nahe der österreichischen Grenze.

Sie arbeitet als Reinkarnationstherapeutin und Jenseitskontakterin, hält Vorlesungen über diese Themenbereiche und schreibt Bücher zu diesen und ähnlichen Themen (bereits mehrere Veröffentlichungen, weitere Titel in Vorbereitung, zum Teil gemeinsam mit ihrem Mann André).

Bitte fordern Sie unser kostenloses Verlagsverzeichnis an:

Smaragd Verlag
In der Steubach 1
57614 Woldert (Ww.)
Tel: **02684.978808**
Fax: **02684.978805**
E-Mail: Smargd-Verlag@t-online.de
www.smaragd-verlag.de

Oder besuchen Sie uns im Internet unter der obigen Adresse.

Draja Mickaharic

Magia
– Handbuch für geistigen Schutz

Draja Mickaharic
Magia
Handbuch für geistigen Schutz

128 S. brosch. ISBN 3-926374-34-9

Dieses Buch zeigt, wie man sich auf einfache, aber wirkungsvolle Weise energetisch schützen und sich und seine Umgebung von negativen Schwingungen reinigen kann.

Varuna Holzapfel

Das Hexeneinmaleins – Weg einer Einweihung

128 S. brosch. ISBN 3-926374-54-3

Du mußt verstehn! Aus Eins mach´ Zehn, ...
Das Hexeneinmaleins ist ein uralter schamanischer Einweihungsweg und wurde im Mittelalter verschlüsselt, um ihn vor der Inquisition zu retten. Bei ihrer schamanischen Einweihung sah die Autorin in einer Vision ein geöffnetes Buch vor sich – die Lösung dieses uralten Rätsels.

Varuna Holzapfel

Einweihung in das Hexeneinmaleins

128 S. brosch. ISBN 3-926374-55-1

Praktisches Arbeiten mit dem Hexeneinmaleins im Kreislauf des Lebens: Geburt, Wasserweihe, Visionssuche, Einweihung in einen Geheimbund, heilige Hochzeit, Schwangerschaft u.v.m. Zeremonien und Rituale zur Einstimmung auf die Feste begleiten die einzelnen Abschnitte.

Patricia Monaghan
Magische Gärten

Aus dem Amerikanischen übertragen und bearbeitet von
Gina Hellmann
240 S., Großformat, gebunden, ISBN 3-934254-15-2

Patricia Monaghan ist Pionierin der spirituellen Frauenbewegung und Autorin einer Reihe Bücher zu diesem Thema, u.a. dem *Lexikon der Göttinnen*.

Magische Gärten zeigt Ihnen, wie Sie einen kleinen unscheinbaren Acker in einen magischen Garten verwandeln können und macht Sie nicht nur mit den praktischen Aspekten, sondern auch mit dem Mythos des Gärtnerns vertraut; verrät Ihnen Tips zur Pflege des Bodens; bringt Gartenrituale und Zeremonien; Meditationen für die Jahreszeiten und die "alten Wege"; hilft Ihnen, Ihren Garten zu weihen; veranschaulicht Pflanzen-Archetypen und –devas; läßt sie den spirituellen Gewinn der Gartenarbeit entdecken; und enthüllt Ihnen schließlich sechzehn phantasievolle Gartenpläne, mit denen Sie den Garten Ihrer Träume schaffen können: Die Einhornwiese, Bastets Katzengarten, zwei Drachengärten, einen Feengarten, einen Hexengarten und viele andere.

Ein wichtiger Beitrag zu der Art und Weise, wie wir mit unserer Mutter Erde umgehen können.

Leah Levine
Licht und Schatten der Magie
- Wege für ein magisches Leben

196 S. brosch., ISBN 3-926374-65-9

Licht und Schatten der Magie ist die kritische Auseinandersetzung mit theoretischen und praktischen Formen der Magie. Die Autorin ist seit 19 Jahren praktizierende Magierin und Hexe und hat in dieser Zeit viele Aspekte ihres Genres kennengelernt. Das Buch bietet Wege in die magische Praxis mit vielen Ritualen und Anrufungen.

Barbara Ardinger
Meditieren mit der Göttin

Aus dem Amerikanischen von Momo Edel
256 S., Großformat, gebunden, ISBN 3-926374-88-8

Frieden Mitgefühl und Weisheit finden – das ist die Essenz dieser wunderschönen Einweihung in das Herz der Göttin.

Mehr als siebzig geführte Meditationen und Rituale mit der Großen Göttin – u.a. die kraftvolle Säulen-Meditation aus der Kabbala; mit Aphrodite die Herzensliebe wecken; mit Wonder Woman Mut und Stärke gewinnen; mit Hestia den Segen des Hauses sichern; mit Shakti die Weisheit des Körpers erfahren; mit der Weißen Büffelfrau Fehler bearbeiten. Schließen Sie die Augen ... und laden Sie die Große Göttin ein, Sie mit ihren Meditationen durch den Alltag zu begleiten.

Leahs Alltagszauber
ausprobiert und für gut befunden von
Leah Levine
64 S., geb. ISBN 3-926374-94-2

Leah Levine, zeigt, wie einfach wir uns im All-
tag selbst helfen können, um uns die kleinen
Alltagsschwierigkeiten vom Hals zu halten und
so manch' größeres Problem mit zielgerichteter
Beeinflussung zu steuern.
Die Stille finden; Meditation auf Bilder und
Klänge; die Erschaffung der anderen Realität; der Weg in die Anders-
welt; Orakelmethoden; die Magie der Steine und Kerzen; magische
Feste u.v.m.

Leahs Liebeszauber

Ausprobiert und für gut befunden von Leah Levin
64 S., DIN A 6, geb., ISBN 3-926374-76-4

Leah Levine, bekannt aus Funk und Fernsehen, weiht
uns in die Geheimnisse der Magie der Liebe ein –
Kerzenzauber für die Liebe, Harmoniezauber in Part-
nerschaften, Trennungszauber, Zauber gegen Fremd-
gehen usw. – ein wahrlich zauber-haftes Buch über
das schönste Thema der Welt.

Die magische Katze
Gezähmt und bewundert von Leah Levine
64 S., geb. ISBN 3-934254-09-8

Für Leah Levine ist die Katze das magischste
Tier überhaupt und oft eine treue Begleiterin bei
magischen Arbeiten, denn oft genug in ihrer
mythologischen Geschichte hat die Katze bewie-
sen, daß sie viele Zauberfähigkeiten besitzt. Ge-
liebt – gehaßt, vergöttert und verteufelt – die
Katze hat alles erlebt und überlebt. Lernen wir
doch von ihr!

Magie in der Küche

Die etwas anderen Küchentips
– auserlesen von Mara Ordemann
64 S., geb. ISBN 3-926374-56-X

Liebe geht durch den Magen – immer noch!
Und so ist dieses Buch ein wahrer Leckerbissen und Leseschmaus der magischen Art mit hinreißenden Tips für mehr Power in der Küche – aber nicht nur dort ...

Die Magie des Mondes

Geheimnisse und Gesänge für die Göttin
– aus den Schriften von Dion Fortune aufgespürt von Marina Grünewald
64 S., geb. ISBN 3-926374-67-5

Wer in die Geheimnisse der Seepriesterin eintauchen möchte, wer die Gesänge für Isis intonieren will, der findet in dieser kleinen Mondmagie die Lieder, Rituale und geheimen Aufzeichnungen von Lilith oder Morgan le Fay. Sie alle waren Dion Fortune – und Dion Fortune war sie alle!
Lernen Sie die Riten, gestalten Sie Ihren Tempel, führen Sie die geheimen Dialoge mit der Göttin, mit den Göttinnen, begegnen Sie Ihrer Hohepriesterin und kehren Sie zurück, reicher an Wissen und Kraft!

Der Stein der Weisen

Gesucht und gefunden von Christoph Martin Wieland
64 S., geb. ISBN 3-926374-66-7

„So haben wir unser Wort gehalten, und ihr habt in dieser Wildnis den Stein der Weisen gefunden!"
So endet Wielands schönstes Feenmärchen über Habgier und Bescheidenheit, über Raffgier, Ruhmsucht und wahres Glück. Eine echte Wiederentdeckung aus der Schatztruhe der magischen Feenmärchen.

Schamaninnen
Ausgewählt und vorgestellt von Marina Grünewald

128 S., geb., mit zahlr. Schwarz-Weiß Abb.
ISBN 3-926374-78-0

Helfen mit Hilfe der Götter in Trance und Ekstase, oder durch das geheime Wissen vom Wesen der Natur. So lebten und wirkten die Schamaninnen in alten Zeiten und der Gegenwart. Sie sind die leuchtenden Vorbilder für alle Menschen, die anderen helfen wollen, zum Beispiel: Frau Holle, die große Wettermacherin; Baba Yaga, die alte Frau des Herbstes; Dina Rees, die Mutter der Schamaninnen; Maria Sabina, die Stimme der heiligen Pilze; Johanna Wagner, die weiße Mganga, u.v.a.

Heilerinnen
Ausgewählt und vorgestellt von Marina Grünewald

128 S., geb., mit zahlr. Schwarz-Weiß Abb.
ISBN 3-926374-89-6

Die weisen Frauen und Priesterinnen waren zu allen Zeiten stets auch Heilerinnen. Überlieferte Kenntnisse über Pflanzen, Kräuter und Tinkturen unterstützten ihr sanftes Wissen um Geburt, Krankheit und Tod – oft auch gegen die patriarchalische Medizin. Heute entdecken wir sie wieder, zum Beispiel: Trotula, eine Ärztin im Mittelalter, Mashudu, die weiße Zauberheilerin; Florence Nightingale, u.v.a.

Schwestern der Großen Göttin
Ausgewählt und vorgestellt von Marina Grünewald

128 S., geb., mit zahlr. Schwarz-Weiß Abb.
ISBN 3-926374-84-5

Alles begann mit der Großen Göttin. Die uralten matriarchalischen Religionen und Kulturen gebaren immer neue Göttinnen – die Schwestern der Großen Göttin. Heute gibt es keine neuen Göttinnen mehr, und so schauen wir sehnsuchtsvoll zurück und erinnern uns an die Erdgöttinnen und Himmelsköniginnen vergangener Zeiten, u.a. Ischtar, die Königin der Himmel über Babylon; Ursula, Heilige und keltische Bärengöttin; Sara la Kali, die schwarze Göttin der Zigeuner; Mutter Meera, die jetzige Inkarnation der göttlichen Mutter.

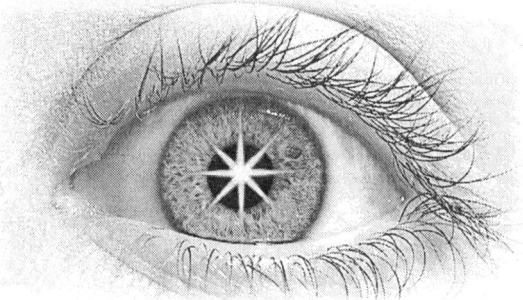